Christel K. Haas

Die Kuh macht mich berühmt

Brillante Geschichten

Die Deutsche Nationalbibliothek verzeichnet diese Publikation in der Deutschen Nationalbibliografie; detaillierte bibliografische Daten sind im Internet über dnb.d-nb.de abrufbar.

© 2009 Christel K. Haas
Herstellung und Verlag: Books on Demand GmbH, Norderstedt
Umschlaggestaltung, Layout Buchblock: www.satzstudio-roth.de ; Emden
Fotos: privat, außer Seite 27, 46 (unten) und 95: Pia Steck
ISBN: 9783839121061

Moment bitte, ich schreibe mich noch schnell warm

Konzentriert setzte er einen Huf vor den anderen. Es war wichtig, lebenswichtig, jedes Geräusch zu vermeiden. Schritt für Schritt tastete er sich vorwärts. Er hatte diese Nacht mit Bedacht gewählt. Der Mond stand als schmale Sichel am Himmel, der Feldweg lag in absoluter Dunkelheit. Die idealen Bedingungen für seine Flucht. Niemand sollte ihn fortschleichen sehen und durch einen Alarm sein Vorhaben vereiteln.

Trotz aller Vorsicht stapfte er in einen Kaninchenbau. Er stolperte, sein linkes Vorderbein knickte ein. Im letzten Moment konnte er sich abfangen. Er durfte sich nichts brechen. Das wäre eine Bestätigung für seinen Herrn, dass er wirklich ein zu altes Tier war – und sein sicheres Todesurteil.

Dieser verführerische Duft. Beim Straucheln hatten sich seine Nüstern den Grasbüscheln am Wegesrand genähert. Aber er durfte sich jetzt keine Rast erlauben, musste bei Tagesanbruch weit vom Hof entfernt sein. Tapfer ignorierte er seinen Hunger. Drei Tage hatte er kein Futter mehr bekommen. Sein Leben lang war er unermüdlich zur Mühle getrabt, hatte Sack für Sack befördert, Jahr um Jahr. Diese Schinderei hatte zwar mit der Anschaffung eines jungen Esels endlich ein Ende gefunden, aber ein Gnadenbrot gab es für ihn nicht.

Langsam, leise! Immer wieder orientierte er sich an den in der Ferne schimmernden Lichtern der Stadt. Schritt für Schritt, vorsichtig!

Für die tägliche Arbeit hatten seine Kräfte nicht mehr ausgereicht.

Aber er fühlte sich robust genug, diesen langen Marsch zu bewältigen. Sein Rücken, seine Gelenke schmerzten, aber der Überlebenswille und Tatendrang war so stark wie noch nie zuvor in seinem Leben. Er würde es allen zeigen. Er war zwar ein verschlissener alter Esel, aber seine Stimmbänder hatten nicht gelitten. Es musste eine Möglichkeit geben ...

Erkannt? Meine Version der Bremer Stadtmusikanten. Es ist zwar nur der Anfang des Märchens, aber als Schreibübung ideal. Über die Hauptaussage muss man sich keine Gedanken machen, nur über die Umsetzung. Solche Übungen sind enorm wichtig für angehende Bestsellerautoren.

Der bereits vor einiger Zeit geschriebene Text ist sehr dramatisch. Alles eine Sache der Tagesstimmung. In meiner heutigen wäre er wohl eher so ausgefallen:

Gut geplant ist halb geflohen

Sein Plan sah folgendermaßen aus: Warten, bis der Bauer den Fernseher anmachte (der Herr hörte nicht mehr so gut, stellte das Gerät ziemlich laut), die Stalltür eintreten und weglaufen.

Dummerweise erzählte er der Katze davon.

„Ausgeschlossen! So einfach geht das nicht!", entrüstete sie sich. Sie wusste, dass Verbrechen, wie auch eine Flucht, sorgfältig geplant werden mussten. Im Fernsehen wurden die Täter oder Ausbrecher immer geschnappt. Das sollte dem Esel – dank ihrer Erfahrung – nicht passieren. Da er sie beharrlich anstarrte, ließ sie sich zu einer Erklärung herab: „Wenn der Herr vorm Zubettgehen noch einmal nach dir schaut, fliegt alles zu schnell auf und er wird dich einholen und zurückprügeln.

Die Flucht muss in einer Nacht-und-Nebel-Aktion über die Bühne gehen."

Der Bauer hatte sich nach Feierabend noch nie um ihn gekümmert. Und warten, bis nachts Nebel herrschte? Das konnte dauern. Morgens war es manchmal diesig. Den letzten Teil ihrer Aussage verstand er überhaupt nicht. Über welche Bühne sollte er gehen? Wo gab es hier so etwas? Er wagte nicht zu fragen. Er würde es dann schon sehen und sich hoffentlich nicht zu sehr ängstigen. War so ein Ding steil?

„Wir müssen einen minutiösen Plan ausarbeiten", ergänzte die Katze.

Der Esel verdrehte die Augen. Schon wieder so ein Wort …

„Wir müssen einen Fragenkatalog aufstellen", erklärte sie ihm. „Wann, wo, wie, weshalb?"

„Wann? Möglichst bald. Wo? Wie ist das gemeint? Vom Stall aus dem Stall …"

„Nun hör schon auf! Das ist doch nur so eine Floskel. Lass mich mal machen."

Manchmal hatte es ihn genervt, stundenlang dem wohlgenährten Fellknäuel zuhören zu müssen. Mord, Erpressung, Raub, Entführung, Bankeinbrüche und auch Ausbrüche gehörten zu ihrem Repertoire, wie sie sagte. Die Katze stand auf so gutem Fuß mit dem Herrn, dass sie erst bei Sendeschluss aus dem Haus geworfen wurde. Da der Bauer ein Krimifan war und sämtliche Serien im Fernsehen verfolgte, hatte sie sich zur Expertin entwickelt. Brühwarm hatte sie ihm jede Folge bis ins kleinste Detail erzählt.

Agatha, wie sich die Katze selbst nannte, wobei sie größten Wert auf die englische Aussprache des Ti-Eytsch legte, stemmte entschlossen eine Pfote in die Seite und begann: „Erster Punkt: Wie bekommen wir die Stalltür auf? – Mit einer Kredit- oder Bankkarte."

Der Esel war froh, dass sie ihre Frage gleich selbst beantwortet hatte. Darauf wäre er nie gekommen.

„Wie beschaffen wir uns eine solche?", dachte sie laut.

Der Esel hoffte, dass ihr auch dazu etwas einfallen würde.

„Ich denke, wir sollten auf Plan B zurückgreifen", sprach die Katze.

Noch ein Fluchtplan? Der Esel war verwirrt.

„Wie können wir verhindern, dass die Tür ins Schloss fällt?", fragte sie.

Ob sie jetzt einen dritten Plan aufs Tablett brachte? Nein, es kam besser, sie antwortete sich wieder selbst: „Wir müssen etwas dazwischenklemmen."

„Einen Keil", schlug er vor. Wenn es bei seiner Anatomie nicht so schwierig gewesen wäre, hätte sich der Esel am liebsten auf die Schulter geklopft. In der Mühle gab es jede Menge Keile, damit kannte er sich aus.

„Quatsch! Das merkt der Bauer doch sofort und wird misstrauisch. Ein alltäglicher Gegenstand muss es sein."

Sie dachte nach. Der Esel schaute ihr dabei bewundernd zu. Als ein leises Brummen ihren Körper beben ließ, wusste er, dass sie eine Lösung gefunden hatte, die sie auch gleich ausposaunte: „Ein Hühnerbein!"

Er bemühte sich, sein Schaudern zu verbergen, aber sie bemerkte es gar nicht, war zu sehr auf ihre Idee konzentriert.

„Bei der letzten Schlachtung habe ich ein Hühnerbein entwendet. Man weiß ja nie! Wenn mal eine Mäuseseuche ausbricht und das Futter knapp wird, dann hat katze wenigstens etwas zum Knabbern." Sie zögerte kurz, erläuterte dann weiter: „Der Bauer wird sich sagen, er hätte vergessen, es auf den Müll zu werfen. Wenn er müde oder wenn es bereits Viertel nach acht ist, wird er sich nicht danach bücken, sondern die Türe nur anlehnen. Er denkt garantiert, so ein dummer Esel bemerkt den Unterschied nicht."

Sie brach erschrocken ab, aber der Genannte war noch damit beschäftigt, sich vor Hühnerbeinen zu ekeln und vor der Mäuseseuche zu fürchten. Ob die auf Huftiere übergreifen konnte? Es ging ihm gar nicht gut. Er war bestimmt leicht grünlich um die Nüstern.

„Dann wäre da noch das Problem mit den Scharnieren!", sinnierte sie.

„Welche Scharniere?"

„Die der Stalltür, du Doofkopf", erklärte sie, wobei sie nur den ersten Teil laut aussprach.

„Was ist damit?"

„Sie quietschen beim Öffnen."

„Nie gehört", brummelte der Esel.

„Sag mal, wie unsensibel bist du denn? Das ist ein Geräusch, das geht durch Mark und Pfote."

Mir nicht, wollte er gerade sagen, aber da er nicht als unsensibel gelten wollte, was immer das sein mochte, schwieg er. Er war sich sicher, Agatha würde auch dafür bald eine Lösung parat haben.

„Wir brauchen ein Ölkännchen!", verkündete sie.

„Ölkännchen", echote er.

„Oder ein anderes Schmiermittel", gestand sie zu.

Darunter konnte er sich etwas vorstellen. Und da sie nun wirklich ratlos schien, schlug er vor: „Hühnerkacke, Kuhdung, der Inhalt des Spucknapfs des Bauern ..."

„Wie unprofessionell!", schrie sie entsetzt.

Was war das denn nun wieder? Ein ihm unbekanntes Schmiermittel?

Agatha grübelte und brabbelte dabei vor sich hin: „Ölkännchen ... Ölkännchen ... Mühle ... Sabotage ... Reparatur ..." Dann wandte sie sich ihm zu. „Wir werden einen Gegenstand im Hafersack verstecken ..."

„Aber kein Hühnerbein", unterbrach er sie mit weinerlicher Stimme.

„Nein, etwas Festes, Schweres. Am besten einen Stein. Wenn er ins Mahlwerk gerät, geht es kaputt oder bleibt zumindest stehen. Der Müller wird sofort den Monteur anrufen, ihm gehörigen Druck machen, damit der Mühlenbetrieb nicht zum Erliegen kommt."

Wie gerne hätte er sich ein wenig hingelegt und gedöst. Das war alles so anstrengend. Aber er musste aufpassen, die Katze war schon einige Sätze weiter.

„Wenn er seine Tasche öffnet, schnappst du dir ein Ölkännchen und versteckst es in einem leeren Sack."

„Wie erkennt man ein Ölkännchen?", fragte er schüchtern.

Agatha seufzte tief. Es war hoffnungslos mit dem alten Esel.

Sie führte die Pfote zum Kopf, strich leicht darüber. „Vielleicht gibt es einen Plan B."

„Den hatten wir doch vorhin schon", gab er zu bedenken.

„Wie? Stör mich jetzt nicht! Ich muss überlegen!", fuhr sie ihn an.

Hatte er jetzt genug Zeit für ein Nickerchen? Er wollte gerade die Augen schließen, als sie loslegte: „Du gräbst einen Tunnel, vom Stall bis hinter die Scheune. Die Hühner können dir dabei helfen; sie scharren gerne. Die Erde füllst du in Hafersäcke und verteilst sie auf dem Feld. Das Loch deckst du tagsüber mit Brettern ab." Sie schaute ihn erwartungsvoll an.

Tunnel, Erde, kratzende Hühnerbeine, der Esel war überfordert. Kaum mehr als ein Hauchen kam aus seinem Maul: „Wie lange …?", aber Katzen verfügen über ein gutes Gehör.

„Ich denke mal, so zehn Meter …", setzte sie an, doch er unterbrach sie: „Wie lange dauert das?"

„So vier bis fünf Wochen, schätze ich. Der Gang muss abgestützt werden. Du kannst nur nachts …"

„Ausgeschlossen!", rief er aufgebracht. „Jahrelang musste ich schwere Säcke tragen. Ich habe genug geschuftet. Ich will hier weg! Jetzt sofort!"

„Aber die Sache mit den Scharnieren …", begann sie beschwichtigend.

„Egal!", erwiderte er.

„Auf deiner Flucht brauchst du natürlich auch bares", entschied die Katze.

Langsam pendelte sein Kopf hin und her. Sie spürte seine Unsicherheit und bekam wieder Oberwasser. Sie trumpfte auf: „Ohne die nötigen Ressourcen kannst du nicht abhauen. Was alleine an Schmiergeldern draufgehen wird …"

Bares, das kannte er, das bekam der Bauer vom Müller. Aber was zum Teufel sollte er noch mitnehmen? Und Schmiergelder? Brauchte man dazu etwa ein Ölkännchen? Ihm wurde leicht schwindelig. Halt, langsam, eins nach dem anderen, sagte er sich und nach langer Überlegung zu Agatha: „Mein Freund vom Nachbarhof, der Goldesel, hat mir mal anvertraut, dass er heimlich bei jeder Ausschüttung einen Taler für Notzeiten beiseiteschafft. Ich werde ihn um ein paar Goldstücke bitten."

Aber die Katze bestand darauf, sie zu stehlen. Sie belehrte ihn: „Mitwisser sind immer ein großes Risiko. Bei einer Befragung 'guter Polizist – böser Polizist' fallen sie meist um."

Das Argument leuchtete ihm ein. Sein Kumpel war doch noch so jung. Er sollte keinesfalls umfallen, sich dabei eine Rippe prellen oder gar etwas brechen. Das durfte er ihm nicht antun.

Spürnase Agatha hatte schon nach einer halben Stunden das Versteck der Goldtaler ausfindig gemacht, wie sie ihm stolz bei der Rückkehr berichtete.

„Warum hast du keine mitgebracht?", fragte er.

„Meinst du, ich will mich erwischen lassen?" Hatte dieser einfältige Esel die geringste Ahnung davon, wie weh so ein Huftritt tun konnte? „Solche Jobs lässt man erledigen."

Sie hatte auch schon einen geeigneten Kandidaten dafür ins Auge gefasst. Die Elster, die ihr Nest im Baum neben der Scheune gebaut hatte, würde am wenigsten auffallen. Und wenn, würde man nur auf einen diebischen Vogel schimpfen, dem derartige Delikte im Blut lagen.

Wieder verschwand sie für einige Minuten, meldete dann: „Erledigt!"

„Du ...", sagte er zögernd.

„Was?", herrschte sie ihn barsch an. Ihre Geduld war heute genug strapaziert worden.

„Du, Agatha", begann er erneut, wobei er sich bemühte, ihren Namen möglichst korrekt auszusprechen, was bei seinen langen Zähnen gar nicht so einfach war. „Möchtest du vielleicht mitkommen?"

Die Katze leckte sich ausgiebig die rechte Pfote. Als sie mit dem Ergebnis zufrieden war, widmete sie sich dem linken Hinterbein. Der Esel wurde nervös. Hatte er etwas Falsches gesagt?

Endlich wandte sie sich ihm zu, wischte sich verstohlen mit der gesäuberten Pfote über die Augen und sagte: „Nein. Ich darf den neuen Tatort am Sonntag nicht verpassen. – Gute Nacht, alter Esel."

„Gute Nacht, Agatha." Dieses blöde Ti-Eytsch!

Wie sie die Elster von der Mission überzeugt hatte, durch Erpressung,

Bezahlung oder dem Versprechen der Verschonung der nächsten Brut, sollte der Esel nie erfahren. Jedenfalls lagen am Morgen die vereinbarten zehn Goldtaler in seiner sonst leeren Futterkrippe. Die Katze lächelte zufrieden, schnurrte sogar ein wenig.

„Wie kann man sie transportieren?", grübelte sie dann.

„In einem Spinnennetz." Der Esel war hocherfreut, auch wieder einmal einen Beitrag zur Planung seiner Flucht geleistet zu haben. Lange hielt seine Euphorie nicht an, denn die Katze sagte grob: „Unsinn! Das hält nie! Aber warte mal …"

Sie verschwand im hinteren Teil des Stalls unter einem Bretterstapel. Als sie zurückkehrte, spuckte sie ihm ein dunkles Etwas vor die Hufe. Entsetzt sprang er ein paar Schritte zurück, merkte dann erleichtert, dass sich das Teil nicht bewegte. Er hasste Mäuse.

Agatha lächelte. War es Mitleid, was er in ihrem Blick sah? Nein, unmöglich. Sie war seine beste Freundin.

„Das ist eine Spielzeugmaus, die ich dem lahmen Kater vom Nachbarhof abgenommen habe", erklärte sie mit stolzgeschwellter Brust. „Ich werde sie ein Stück auftrennen", probeweise fuhr sie die Krallen aus und knibbelte damit vorsichtig an der hinteren Naht des grauen Gebildes, „und die Goldtaler darin verstecken. Dann werde ich sie dir ins Fell nähen. Sie hat genau deine Farbe."

Vor Schreck hätte der Esel fast nochmals einen Satz gemacht, beherrschte sich aber und schüttelte nur wild den Kopf.

„Ok, dann knote ich aus dem Mauseschwanz eine Schlaufe und wir hängen dir den Talerbeutel an einem Strick um den Hals."

Der Esel seufzte erleichtert. „Das klingt gut."

Als er nach einem ausgiebigen Mittagsschläfchen die Augen öffnete, saß Agatha auf der Fensterbank.

„Komm näher!", kommandierte sie.

Sie hievte ihm ein Seil mit Fellmausanhänger über Ohren und Kopf. Er spürte die Last kaum.

„Schön leicht", stellte er begeistert fest.

Agatha blinzelte nervös, sagte aber mit fester Stimme: „Katzenspielzeuge sind grundsätzlich nicht schwer, die vier Taler auch nicht."

„Vier? Wieso vier? Gingen nicht mehr hinein?", fragte er verdutzt.

„Doch, schon", gab sie zu, „aber der Rest ist für meine Bemühungen. Immerhin habe ich lange am Projekt Mausebörse gearbeitet. Den Fluchtplan hast du auch mir zu verdanken. Und ich werde nichts sagen, egal, wie viele gute und böse Polizisten mich bearbeiten." Sie hielt zwei Taler pro Dienstleistung und als Schweigegeld für angebracht.

Der Esel nickte und hoffte, die vier Goldstücke würden für sein Vorhaben ausreichen.

Nun war nur noch eine Vorbereitung zu treffen, nämlich das Hühnerbein in die Tür zu legen. Mittlerweile grauste sich der Esel nicht mehr davor. Es trug immerhin zu seiner Rettung bei. Ob er es als Andenken an seine gelungene Flucht mitnehmen sollte? Lieber nicht.

Bei der Schließung des Stalls am Abend hatte der Bauer genau so reagiert, wie Agatha es vorausgesagt hatte. Sie war die Beste!

Jetzt war es bald soweit! Über drei Stunden hatte er geduldig gewartet und das Fenster beobachtet. Die Katze war tatsächlich nicht gekommen. Sie hasse Abschiednehmen, hatte sie am Nachmittag gesagt. Der Esel schmunzelte. Ob sie wirklich nur Krimis ansah oder nicht auch die eine oder andere Liebesschnulze?

Endlich erlosch das Licht im Schlafgemach des Bauern. Vorsichtig schob er mit der Stirn die Stalltüre auf. Es funktionierte. Kein normal ausgebildetes Ohr hörte ein Quietschen, schon gar nicht der halb taube Bauer.

Nachdem er über den Hof geschlichen war, konnte er nun kräftig ausschreiten. Seine Gelenke taten ihm in dieser Nacht (auch ohne Nebel) zwar weh, aber die Wärme des sonnigen Südens würde seine Beschwerden lindern. Er summte leise vor sich hin. War das nicht die so oft vorgeschnurrte Titelmelodie von „Der Alte"? Er iate übermütig. Er war jetzt nicht mehr der alte, sondern ein unternehmungslustiger Esel auf dem Weg in die Freiheit, also zuerst einmal nach Bremen. Wenn Agatha die Kilometer und seine Laufgeschwindigkeit richtig berechnet hatte, würde er das Reisebüro genau zur Öffnungszeit erreichen.

Schon abends, wenn alles gut lief, bereits am späten Nachmittag, würde er lässig an der Strandbar lehnen, einen Drink schlürfen und aufs Meer schauen. So jedenfalls hatte ihm die Katze seinen Zielort schmackhaft gemacht. Wie hieß das Getränk noch gleich? Etliche Male hatte Agatha ihn die englischen Worte wiederholen lassen. Man sprach auf Mallorca zwar Spanisch, aber das würde international verstanden, hatte sie versichert. Er sollte den Esel-Rentnerinnen, vor allem denen mit sehr großen und prall gefüllten Fellmausbeuteln, diesen Cocktail spendieren. Trotz des eiligen Laufes bei dunkler Nacht über einen Feldweg konzentrierte sich der Esel auf den Stall, auf Agatha, wie sie auf dem Bretterstapel saß, die Pfote mahnend erhoben, und es ihm immer wieder geduldig vorsagte. Nun konnte er sich erinnern. Er war zwar ein Esel, aber nicht dumm. Es ging um „Sex on the beach".

Oups, die Aufwärmübung ist etwas lang geraten. Aber dafür ist alles enthalten: Spannung, Gefühl, Freundschaft, Naivität, Raffinesse, Humor, Gut und Böse, ein wenig Krimi, Fantasy, Thriller, Märchen … Leider ist die Story schon verbraucht. Damit sind bereits zwei Kollegen berühmt geworden.

Bei Jacob und Wilhelm Grimm erreichen die vier Ausreißer zwar nicht ihr Ziel, führen aber trotzdem ein angenehmes Leben. Für mein gerade erfundenes Grautier hoffe ich, dass es keine logistischen Probleme geben wird, es umgehend in den Süden zu transportieren. Ich habe den Esel richtig lieb gewonnen. Er ist so schön dödelig. Ich wünsche ihm von Herzen alles Gute und jede Menge Cocktails.

Reisebeschreibungen

Reiseberichte sind meine Stärke, denke ich zumindest. Ursprünglich nur für mich und die Familie gedacht, wurde aus dem Besuch in Alaska sogar ein Buch. Der komplette Text von meinem Jemen-Aufenthalt ist zwar vor einigen Jahren zusammen mit dem Computer in Flammen aufgegangen, aber einen Auszug hatte ich für eine Anthologie-Ausschreibung neu getippt und bearbeitet.

Ob man meinen Beitrag in das Buch aufgenommen hätte, werde ich nie erfahren, denn ich habe ihn nicht eingesandt. Er gefiel mir zwar gut, war aber für den gewählten Titel „Geldwechsel" mit zu vielen überflüssigen Beschreibungen ausgeschmückt. Lediglich die ersten beiden Absätze und das letzte Drittel, das eigentliche Thema, sollten bestehen bleiben. Viele Autoren, da schließe ich mich uneingeschränkt ein, haben Probleme, mühsam verfasste Passagen zu streichen. Obwohl ich der Meinung bin, dass das vielen Texten, so auch meinem, gut tun würde, brachte ich es nicht übers Herz. Ein Versuch mit mehreren Testlesern bzw. -hörern ergab, dass sie ohne Ausnahme den kompletten Wortlaut bevorzugten, um mehr über das doch eher unbekannte Reiseland zu erfahren. Wenn ich also den ursprünglichen Titel weglasse ...

(Sanaa, Februar 1996) So kann man sich verschätzen. Das Telefonat mit der Heimat hatte über zwanzig Minuten gedauert und beschert mir nun einen Posten auf der Hotelrechnung, mit dem ich in einen finanziellen Engpass gerate. Umgerechnet 216,85 DM müssen bar bezahlt werden, was meinen Vorrat an Landeswährung restlos aufbraucht. Um bei der Weiterreise nicht verhungern oder vertrocknen zu müssen, will ich einen kleineren Betrag im Hotel umtauschen. Aber man lehnt dies mit der Begründung ab, im Souk sei es wesentlich günstiger. Diese Erfahrung hatten wir bereits gemacht. Während man an den offiziellen Wechselstellen am Flughafen, auf einer Bank oder im Hotel lediglich 3000 Rial für 100 DM ausgezahlt bekam, waren es bei den Händlern im Souk 6000 oder sogar 7000 Rial.

Im Stadtbild sieht man immer wieder, wie geschickt die Einheimischen mit ihrer Währung umgehen, wie flott sie die Bündel abzählen. Es ist für mich die typische Handbewegung im Jemen: ein Stapel mit Gummiring umwickelter Scheine in der linken Hand, mit dem rechten, befeuchteten Mittelfinger wird geblättert und gezählt. Dies ist im Alltag eine unumgängliche Notwendigkeit, da der wertmäßig größte Schein der Hunderter ist (circa 1,80 DM). Wir haben uns die Situation ausgemalt: Wenn man ein Auto kaufen will, hier läuft alles in bar, muss man mit einem Rucksack kommen, bei einem Hauskauf sicherlich mit einem mit Geldbündeln beladenen Lkw.

An diesem Morgen geht es mit Land Cruisern von der Hauptstadt Sanaa in Richtung Norden. Die Mitreisenden amüsieren sich über meine unvorhergesehene Ausgabe, helfen aber gerne mit den benötigten Mitteln für Getränke aus.

Leider legen wir auf der 250 Kilometer langen Strecke über drei Pässe und vorbei an malerisch gelegenen Ortschaften nur wenige Pausen ein. Unser Reiseleiter drängt zur Eile. Er möchte vor anderen Reisegruppen unser Tagesziel erreichen. Vorreservierungen nimmt man in dem Hotel in Sada nicht so genau. Wer zuerst kommt, erhält die besten Zimmer, die mit eigenem Bad. Nachzügler müssen sich mit den Gemeinschaftswaschbecken begnügen, die sich am Ende des Ganges befinden, offen für jeden einsehbar. Aber wenigstens die Toiletten bieten mit einer primitiven Bretterabtrennung ein wenig Intimität. Ich habe alles nach unserem Einzug ins Hotel genauestens inspiziert und bin nun doch dankbar für die zügige Anreise.

Der Gang über die Stadtmauer bietet fantastische Blicke. Die ganze Szenerie ist irgendwie unwirklich, man glaubt zu träumen. Das Minarett der Moschee, die hohen Häuser in Lehmbauweise, die Innenhöfe, die Gärten, die Stille, die uns hier umfängt …

Einige Kinder kommen uns entgegen. Sie wollen fotografiert werden, bedrängen uns, schieben immer wieder ein kleines Mädchen vor, das aber wirklich nicht hübsch anzusehen ist. Die Haare sind verfilzt, die Kleidung ist zerrissen, das Gesicht schmutzig, aus beiden Nasenlöchern läuft es, worauf sich Fliegen tummeln. Ich rede freundlich und ruhig auf die Kinderschar ein: „Statt mit dem armen Ding Geschäfte zu machen, solltet ihr ihm lieber mal die Rotznase putzen. Ihr wollt also die Kleine, vermutlich euer Schwesterchen, vermarkten, als Fotomotiv zur Verfügung stellen? Ihr solltet euch wirklich schämen! Und dann auch noch Touristen ausnehmen. Das ist kein feiner Zug." Meine Begleiter amüsieren sich. Selbstverständlich kann mich keines der Kinder verstehen, aber da ja bekanntlich der Ton die Musik macht, schauen sie mich bewundernd ob der Güte der „netten" Worte an und lassen uns unbehelligt weiterziehen.

Nach einem kurzen Gang durch die Altstadt erreichen wir den Marktplatz. Hier ist die offizielle Führung beendet. Wir erkundigen uns nach der Uhrzeit für das Abendessen und wie man ins Hotel zurückkommt. Auf meine Frage an den Reiseleiter, wo ich Geld tauschen könne, meint er nur: „Irgendwo im Souk."

Vielen herzlichen Dank! Die Mitreisenden sind schon aufgebrochen. Ich stehe alleine da.

Bei dem Betrieb, der zu dieser Stunde hier herrscht, ist mir doch etwas mulmig zumute. Da der Sonnenuntergang naht und damit die Ramadan-Schlemmerei, ist dies die Haupteinkaufszeit. Ausschließlich Männer sind unterwegs. Wie ich in den Reiseführern gelesen hatte, war Sada das Zentrum der Zaiditen. Auch heute noch wird hier alles sehr streng und eng gesehen. Einheimische Frauen dürfen beispielsweise nicht durch die Straßen laufen, nur am Freitag tief verschleiert und in Begleitung des Gatten, Vaters oder Bruders eine Freundin oder ihre Familie besuchen.

Langsam schlendere ich durch die mittlerweile stockdunklen Gänge und schaue aufmerksam nach links und rechts. Die Angebote an farbenfrohen Kleidungsstücken, Kosmetik, bunten Plastiklatschen, Haushaltsgegenständen, dem grünen Hennapulver finden kaum Beachtung. Auch den Anblick der Säcke voller Rosinen, Kartoffeln, Paprika, Tomaten, Zwiebeln und Knoblauch, der Schubkarren mit Waschmitteln, der kunstvoll aufgeschichteten Datteln kann ich heute nicht so richtig genießen, bin nur darauf bedacht, mein finanzielles Problem zu beheben.

Endlich werde ich fündig. Am Wegesrand liegt ein kleiner Teppich, auf dem einige Notenbündel drapiert sind. Daneben steht ein Pappschild mit der Aufschrift „Change". Hinter der Auslage hockt ein Mann auf den Fersen, der nicht gerade einen vertrauenerweckenden Eindruck macht. Ich gehe lässig vorbei, er soll meine Nervosität nicht spüren. Aber es nutzt alles nichts, ich brauche dringend Rial.

Ich bereite mich seelisch und moralisch auf meine Mission vor, atme tief durch und nähere mich mit flottem und hoffentlich entschlossenem Schritt dem Wechsler. Nach einem kurzen Gruß erkundige ich mich nach dem Kurs für Deutsche Mark, die aber unbekannt zu sein scheint, jedenfalls reagiert er nicht. Bei dem Wort „Dollar" erhellt sich sein Gesicht. Wahrscheinlich nennt er mir einen Kurs, doch da ich arabische Zahlen zwar lesen, aber nicht verstehen kann, bin ich nun auch nicht klüger. In der Aufregung habe ich nicht bemerkt, dass mittlerweile einige breit grinsende Männer um mich herum stehen. Ich nehme an, Touristen tauschen hier eher selten. Und dann auch noch eine Frau!

Eincr der Zuschauer ergreift die Initiative und fragt mich in englischer Sprache, wie viel ich zu wechseln gedenke. Meine Antwort: „50 Dollar" wird übersetzt, man verhandelt, gestikuliert, lacht. Der selbst ernannte Dolmetscher wendet sich nach einiger Zeit wieder mir zu und erklärt, dass ich für das Doppelte einen besseren Kurs bekäme, nämlich 12.500 Rial. Einen Taschenrechner habe ich nicht parat, möchte auch nicht lange verhandeln. Nach der Erfahrung mit der Telefonrechnung werde ich diesen Betrag in der kommenden Woche sicher noch locker ausgeben können. Also stimme ich zu. Gegen meine Dollar drückt man mir zwei der mit einem roten Gummiband zusammengehaltenen Notenbündel in die Hand. Jetzt verstehe ich auch, warum man keine andere Fremdwährung wollte: die Stapel sind bereits für einen Dollartausch abgezählt.

Und was nun? Was erwartet man jetzt von mir? Es sind alles Fünfzigerscheine, sollten also 250 Stück sein. Muss ich die nun hier öffentlich nachzählen? In den Geschäften und bei den Ständen im Souk ist es üblich, bei Warenkäufen zu handeln. Gilt das auch für den Geldwechsel?

Mit versteinerter Miene wende ich mich an den Händler und frage, ob das denn auch stimmen würde. Die Umstehenden mischen sich ein, eine lautstarke Diskussion entbrennt. Ich stehe etwas verloren an der Seite, beobachte verstohlen den Eifer, die Gesten und Mienen der Männer. Es sind noch zahlreiche Zuschauer hinzugekommen. Niemand beachtet mich. Mein Anliegen hat sich zu einer reinen Angelegenheit unter Einheimischen entwickelt, das sie in einer Art Spiel miteinander austragen.

Endlich scheint man sich geeinigt zu haben. Die Stimmen werden leiser, die Debatte weniger heftig. Mein Dolmetscher hebt ein weiteres Bündel vom Boden auf, zählt einige Scheine ab und drückt sie mir in die Hand.

Immer noch unsicher, ob ich nun einfach den Schauplatz verlassen soll, schaue ich auf die einzelnen Scheine und die beiden Packen. Sie sind übereinander gestapelt mindestens fünf Zentimeter hoch. Plötzlich reißt mir eine Hand meine gerade erworbene Barschaft weg, liest einen geplatzten Gummiring vom Boden auf, der mit geschickten Fingern um alle Scheine geschlungen und verknotet wird, dann bin ich wieder im Besitz meiner Rial.

Die Männer, die den engen Gang des Souks blockiert und damit weitere Schaulustige angelockt hatten, zerstreuen sich langsam. Die Show ist zu Ende. Ich wende mich an den hilfsbereiten Dolmetscher, bedanke mich mit einem „Shukran" und gehe.

Wie immer, wenn man sie braucht, habe ich keine Handtasche dabei. So versuche ich, meine Eroberung in der Brusttasche der Bluse unterzubringen, aber das sieht ziemlich eigenartig aus. In die Hosentasche passt die Barschaft ebenfalls nicht, dazu ist die Jeans zu eng. Mit dem Geld in der Hand möchte ich nicht noch mehr Aufmerksamkeit auf mich ziehen. Der geplante Bummel über den Markt und durch die Stadt wird abgebrochen, ich marschiere direkt zum Hotel zurück.

Natürlich plagt mich die Neugier, ob man mich im Souk übers Ohr gehauen hat. Ich setze mich im Zimmer aufs Bett und zähle die Scheine – nicht im Bündel, sondern einen nach dem anderen. Es sind exakt 250 Stück.

Die Kuh macht mich berühmt

Was nützen die literarischen Ergüsse, die in Dateien oder der Schublade schlummern? Ein zündender Text für eine Ausschreibung muss her! Wird meine Story in einer Anthologie veröffentlicht, könnte ein Agent oder ein Verlag darauf aufmerksam werden und mich auf weitere geniale Geschichten ansprechen. Der Einstieg ist sehr wichtig, damit überhaupt Interesse am Weiterlesen geweckt wird.

Für die Sammlung „Urlaub – eine kritische Auseinandersetzung mit der Umwelt" passt eine Beobachtung aus dem vergangenen Jahr wie die Faust aufs Auge. Ein fabelhaftes Thema! Mit meinem brillanten Beitrag kann ich endlich den Durchbruch zur anerkannten und erfolgreichen Autorin schaffen.

Bevor ich jedoch auf die eigentliche Problematik zu sprechen komme, muss ein zündender Einleitungssatz her:

– Mitten auf der Wiese stand eine Kuh, die eifrig ein Büschel Gras nach dem anderen rupfte.

Ist das der erste Schritt zum Erfolg? Eher nicht, der Satz geht mal gerade so. Der Ehre, einen Literaturpreis verliehen zu bekommen, wird er wohl kaum ausgesetzt. Aber zumindest schrecke ich den Leser nicht ab. Schnell noch einmal durchlesen, bevor ich weiterschreibe.

– Mitten auf …

Das ist falsch! Ausgemessen habe ich es jedenfalls nicht. Sowieso völlig egal, wo sich das Tier befindet. Das spielt für die spätere Handlung keine Rolle. Genauso gut könnte es sich in der Nähe des Gatters aufhalten. Wozu also diese genaue Ortsangabe? Lieber weglassen!

– Auf der Wiese …

Eine zu schwache Bezeichnung für das satte Grün. Alternative? Grünfläche. Nein, dabei denkt man sofort an gepflegte Parks, englischen Rasen oder Golfplätze. Was gibt es sonst noch? Bemühen wir mal das Internet. Oups, ich ahnte doch instinktiv, dass etwas nicht stimmt. Eine Wiese wird nur zum Mähen genutzt, Tiere grasen auf einer Weide.

– Auf der Weide stand eine Kuh …

Kuh? Eine Kuh ist ein geschlechtsreifes weibliches Hausrind. Ich muss zugeben, nicht genau nachgeschaut zu haben, ob es sich um eine Dame handelte. Und wenn doch, diese aber noch nicht ein Jahr alt war, müsste ich sie korrekterweise als Schumpen bezeichnen. Aber wer kennt schon diesen Ausdruck? Und wenn sie noch keine Mutterfreuden genossen hat, ist es ja eigentlich eine Färse.

Man sollte nicht päpstlicher als der Papst sein. Es kann mir sowieso keiner das Geschlecht und die Altersstruktur der Tiere nachweisen, die genau an diesem Tag dort unterwegs waren. Bleiben wir beim Oberbegriff.

– Auf der Weide stand eine Kuh …

Das ist zu allgemein. Ein Leser aus Norddeutschland wird sich darunter ein schwarzweiß-gescheckutes Exemplar vorstellen. Aber meine Geschichte spielt im Allgäu. Dort ist das Nutzvieh überwiegend braun.

– Auf der Weide stand eine braune Kuh …

Wenn ich das hervorhebe, denkt man, nur diese eine Kuh sei im Gegensatz zu den anderen braun.

– Eine der braunen Kühe auf der Weide …

Mmmh? Warum spreche ich von nur einem Exemplar? Es war nicht alleine. Es ist zwar nur der Anfangssatz, aber er sollte schon die wahren Gegebenheiten wiedergeben.

– Auf der Weide standen Kühe, die eifrig …

Eifrig? Ich weiß nicht! Sie machen das nicht, weil sie es bezahlt bekommen, aus Langeweile oder als Spiel. Sie haben Hunger! Somit wäre „verfressen" wohl angebrachter. Aber als Einleitung eines Textes, der mir den Durchbruch zum erfolgreichen Schriftsteller ebnen wird, weniger geeignet. Keinesfalls darf ich mit meiner Wortwahl den Leser vor den Kopf stoßen. „Gierig" wäre ein Kompromiss.

– Auf der Weide standen Kühe, die gierig ein Büschel …

Büschel, Büschel, Büschel … bitte nicht das schon wieder! Ich hasse dieses Phänomen! Man sagt ein Wort mehrere Male vor sich hin und beginnt, an seiner Existenz zu zweifeln. Wo sind meine Nachschlagewerke? Gefunden, der Begriff existiert! Aber ist es nicht eher eine legere Umgangswendung? Weitere Recherche: Ein Büschel ist ein achselständiger cymöser Blütenstand mit verkürzter Hauptachse. Oh Schreck! Die Büschel lasse ich lieber weg.

– Auf der Weide standen Kühe, die gierig Gras …

Gras? Zwar ein korrektes Wort, aber es beschreibt nicht die Bergweide mit ihrer Vielfalt an Kräutern und Wiesenblumen. Jeder Allgäubesucher kennt diese Grünflächen. Um die malerische Landschaft nicht ausführlich beschreiben zu müssen, könnte ich den Ort des Geschehens einbauen.

– Auf der Allgäuer Weide standen Kühe, die gierig Gras rupften.

Rupfen? Ein Federvieh kann man rupfen, Unkraut auch. Das heißt doch wohl eher „komplett herausziehen". Aber machen Kühe das wirklich? Knabbern sie das Gras nicht oberhalb der Wurzel ab?

Übertreibe ich gerade meinen Korrekturwahn? Nimmt es der Leser überhaupt so genau? Am besten beginne ich kurz und bündig, nähere Angaben folgen ja später im Text.

– Die Allgäuer Kühe fraßen.

Nicht gerade ein eleganter Einstieg, aber das sind nun mal die Fakten. Man darf den Leser keinesfalls verwirren.

Aber wenn es mehrere Hausrinder sind, die alle etwas zu sich nehmen …

Es ist bewiesen, dass Kühe beim Rülpsen und dem Ablassen von Winden klimaschädliches Methan ausstoßen. Somit spreche ich gleich zu Anfang eine Problematik an, die ich gar nicht weiter auszuführen beabsichtige. Eigentlich wollte ich doch nur …

Ich denke, ich breche meine Bemühungen zur Beteiligung an dieser Ausschreibung ab. Ganz sicher werde ich in den nächsten Wochen ein Thema finden, das nicht so brisant ist. Dafür bastele ich dann eine Einleitung, der kein Literaturagent oder Verlag widerstehen kann – und damit werde ich berühmt.

Co-Autoren

Der Spaß daran, Texte zu verfassen, scheint in der Familie zu liegen. Aber auch die Erzählungen meiner zahlreichen Mitbewohner waren bisher nicht erfolgreich. Wir konnten noch keinen teddygeführten Verlag finden. Denn obwohl Bären als Hauptpersonen agieren, sind es keine Kinderbuch-Beiträge.

Ein Ritter der Neuzeit

Seid gegrüßet! Erlaubet mir, mich Euch vorzustellen: Mein Name ist Ronny von Ronneburg. Ich bin ein bäriger Ritter, gewandet mit Kettenhemd und -haube. Obwohl meine Vorbilder vor langer Zeit lebten, darf man mich keineswegs als naiv bezeichnen. Ich konnte in den vergangenen Monaten ausgiebig in Hochglanz-Teddybär-Magazinen blättern und bin mir durchaus bewusst, dass es wesentlich edlere und besser ausstaffierte Exemplare gibt. Aber eine Tatsache hebt mich von diesen ab: Ich durfte zwei Wochen lang das Mittelalter erleben, und zwar auf der Ronneburg.

Diese nach mir benannte Burg – oder war es anders herum? – stammt aus dem 13. Jahrhundert. Ich war ein paar Jährchen später dort, im Dezember 2003, anlässlich des historischen Weihnachtsmarktes. Unterhalb der Wehranlage hatte die Näherin mittelalterlicher Gewänder zwischen anderen Marktleuten ihr Zelt aufgeschlagen, in dem sie auch mich feilbot.

Über meinen Abstecher in die Ritterzeit bin ich noch heute zwiespältiger Meinung. Es war interessant, lehrreich, aber während der Woche – ohne Besucher – sehr langweilig und kalt. Am Wochenende hingegen konnte ich die Bogenschützen beobachten, die Lederer, einen Scherenschleifer und den Laternenbauer bei der Arbeit. Es duftete verführerisch nach Speck-Flammkuchen, heißem Met und fast unmittelbar vor unserem Zelt drehte ein handbetriebenes Karussell seine Runden. Zu gerne hätte ich so ein Holzpferdchen mit seiner originellen Schrubbermähne erklommen, aber meine Bärenmama hatte es leider versäumt, mich mit einem Beutel voller Silberlinge auszustatten. Außerdem war ich mit einer Kordel am Zeltgestänge festgebunden. Absolut unverständlich, da ich weder wegzulaufen beabsichtigte noch zu den wertvollsten Teilen der Kollektion gehörte.

Am dritten Sonntag kam in der Dämmerung mein heutiges Frauchen und veranlasste meine Befreiung. Mit ihr habe ich mich auf Anhieb verstanden. Schon nach wenigen Minuten hat sie mir den Wunsch von den Augen abgelesen, ein Schwert zu erwerben. Selbstverständlich wurde es gemeinsam ausgesucht. Der Schmied zeigte allerdings – trotz ihrer erklärenden Worte – kein Verständnis für unsereins. Immer wieder versicherte er, dass die Miniwaffe nicht aus gehärtetem Stahl sei, also ungefährlich beim Tragen an einer Kette um den Hals. Als wollte ich mir ein Schwert umhängen! Bestimmt drei Mal hat Frauchen betont, dass es nicht für sie selbst bestimmt sei, sondern für mich, wobei sie ihm überflüssigerweise meine Wenigkeit unter die Nase gehalten hat. Eigentlich hätte man bei so viel Unverständnis auf den Kauf verzichten sollen, aber als Ritter muss man doch unbedingt ein Schwert tragen; nicht als kriegerisches Utensil, sondern schmückendes Accessoire.

Gemeinsam wurde dann die Anlage erkundet. Wir haben den Bergfried erklommen, in den sechsundneunzig Meter tiefen Brunnenschacht gespäht, die Bonbonherstellung verfolgt und einige gekostet, die Rüstkammer besichtigt und verstohlen die mittelalterlich gekleideten Mönche, Ritter und Edelleute bewundert. Wir haben die Prägung von Münzen beobachtet, im Innenhof der Oberburg ein Fladenbrot mit Schafskäse gespeist und den Minnesängern gelauscht. Bevor es in meine neue Heimat ging, konnten wir den Feuerspuckern und einem Krippenspiel mit echtem Esel und Schafen zuschauen.

Die anderen Bären hier im Haushalt haben bei meiner Begrüßung die Nasen gerümpft. Nicht so sehr über mich als Neuankömmling, sondern über den Rauchgestank, den ich mir von den abends brennenden Fackeln und Lagerfeuern zugezogen hatte. Über zwei Wochen hat es gedauert, bis mein Pelz wieder frisch duftete. Dann durfte ich mir endlich einen Platz zwischen den neuen Kameraden aussuchen und ihnen von meinen Erlebnissen berichten.

Ich bin froh, ein Ritter der Neuzeit zu sein, denn so komme ich in den Genuss einer geruchfrei beheizten und gemütlichen Behausung.

Konzert abgebrochen

Gestern feierte die Boygroup Bresmus ihr 10-jähriges Bühnenjubiläum mit einem Konzert in der Weserhalle. Die 8.102 Fans überwiegend weiblichen Geschlechts brachen bereits beim ersten Titel in einen Beifallssturm aus. Als sie bei der Neuaufnahme des Hits „Going to town", der 83 Wochen unter den Top 10 rangiert hatte, grölten, johlten, pfiffen, kreischten und trampelten, bemerkte im Untergeschoss die Klofrau Anna P. (52) einen Riss in der Decke der Damentoilette, der sich schnell vergrößerte. Sie verständigte um 21.08 Uhr die Sicherheitskräfte, denen bei einer Ortsbesichtigung der Kalk auf die Köpfe rieselte. Der Riss war zu diesem Zeitpunkt über einen Zentimeter breit und zog sich schon bis zu den Pissoirs der Herrentoilette. Die alarmierte Feuerwehr ordnete die umgehende Räumung des Gebäudes an.

Die vier Mitglieder der Boygroup wurden von der Bühne geholt und mit Hubschraubern in ihr Hotel gebracht. Über 300 Helfer des Sicherheitsunternehmens, der Feuerwehr und der Polizei versuchten in einem Großeinsatz, die Fans zu beruhigen und auf die Straße zu geleiten. Einige Verweigerer mussten getragen werden. Es gab 20 Verletzte und 40 Verhaftungen.

Wieder einmal hat Bresmus für Schlagzeilen gesorgt.

Wir erinnern uns an die Anfänge vor zehn Jahren: Der Gründer der Boygroup fiel schon als Jugendlicher durch sein unüberhörbares Organ auf. Die Eltern förderten seine Stimmbildung. Aufgrund mangelhafter Lernergebnisse verließ er früh die Schule und fand einen Job in einer Zementfabrik, wo er die abgefüllten Säcke zu den Lkws trug. Diese harte Tätigkeit bescherte ihm schon nach zwei Jahren einen Wirbelsäulenschaden. Er verlor seinen Arbeitsplatz. Seine Eltern, mittlerweile total verarmt, weil sie für den Gesangsunterricht Geld aufgenommen hatten und an einen Kredithai geraten waren, konnten ihn nicht unterhalten. Über eine Reha-Klinik kam er in ein Berufsförderungswerk, wo er auf „Lagerarbeiter in der federverarbeitenden Industrie" umgeschult werden sollte. Doch bereits während des Einführungskurses hatte er eine Vision: den Künstlernamen Ese L. annehmen und in der Stadt eine Musikgruppe gründen. Heimlich verließ er die Anstalt, kletterte am Bahnhof in einen Zug und fuhr schwarz nach Bremen …

Wie angenehm, dass es bei meinen Schreibübungen immer nur um den Anfang geht. Diesen Schreibstil hätte ich wahrscheinlich nur schwer für alle Bandmitglieder durchhalten können. Obwohl …

Als neunzehntes uneheliches Kind einer streunenden Mutter geboren, verlebte Katharina mit ihren vier Wurfgeschwistern eine glückliche Jugend auf einer Müllkippe. Nachdem sich ihre Mutter wieder nach Freiern umzusehen begann, beschloss Katharina, auf eigenen Pfoten zu stehen, und ging nach Hamburg. Sie war ausgesprochen attraktiv, also wurde sie Model. Ein gewiefter Agent nahm sich ihrer an und verschaffte ihr nach diversen Kleinaufträgen gut honorierte Werbeaufnahmen als Katzenstreu-Queen. Ihr steiler Aufstieg fand seine Krönung mit dem Erscheinen aufsehenerregender Fotos im Playtomcat. Fräulein Atze war Gesprächsstoff; sie hatte es geschafft.

Da ihre Mutter aufgrund der ärmlichen Verhältnisse sie in der Kindheit nicht ausreichend mit nährstoffreicher Milch versorgt hatte, fielen Katharina bereits in jungen Jahren die Zähne aus. Ihr Agent befand sich in einer Zwickmühle. Er musste die Verträge mit dem Katzenfutterkonzern „Leckermiau" einhalten, wollte aber kein Geld für den Zahnersatz seines Stars ausgeben. Als Endlösung beschloss er Katharinas Tod, der ihm nochmals einen enormen Geldsegen aus bisher unveröffentlichten Fotos bescheren würde. Er nahm Kontakt zum organisierten Verbrechen auf. Mit einem Betonklotz an der Pfote sollte sie in der Elbe ersäuft werden.

Durch ihre Liaison mit dem Bodyguard des Mafiosos erfuhr Katharina von dem Plan. Sie färbte sich das Fell rot und besorgte sich braune Kontaktlinsen. Inkognito marschierte sie in Richtung Bremen. Auf ihrer Flucht traf sie Ese L. und H. Und, die spontan ihre Hilfe anboten. Bei den ersten Auftritten von Bresmus betätigte sie sich als Background-Tänzerin. Als die Gruppe genug verdient hatte, investierte sie in Implantate für Katharina und einen Anwalt, der den Agenten zur Rechenschaft zog und ins Gefängnis brachte.
Katharina wurde auf der ganzen Welt das erste und einzige weibliche Mitglied einer Boygroup.

Jetzt ist aber genug! Die Story ist sowieso nicht erfolgversprechend. Es gibt bereits zahlreiche Verlage, welche die Märchen der Gebrüder Grimm neu herausgegeben haben. Meine Version wird bestimmt nicht gesucht.

Tödliche Stille

Wie jeden Morgen gab es starken schwarzen Kaffee, aufgebackene Brötchen, Butter, Hartkäse und einige Scheiben hauchdünn geschnittener Mortadella. Abwechslung im Speiseplan bildete lediglich die Zubereitungsart der Eier. Heute hatte er sich für ein lockeres Omelette mit frischen Kräutern aus dem Garten entschieden.

Er liebte dieses Ritual vor der Fahrt ins Büro. Sorgfältig bereitete er das Frühstück zu, deckte den Tisch auf der bereits ab frühmorgens in der Sonne liegenden Terrasse, saß gemütlich unter dem aufgespannten Schirm und aß in aller Ruhe. Das Omelette schmeckte vorzüglich. Genüsslich angelte er kleine Happen von dem vorgewärmten Teller, kaute gründlich, obwohl sie auf der Zunge zu zergehen schienen. Der pure Luxus, immer frische Eier im Hause zu haben.

Bei der zweiten Tasse Kaffee griff er nach der Tageszeitung, um sich über die Entwicklung der Aktienkurse zu informieren. Im vergangenen Jahr hatte er eine größere Summe riskant angelegt, einen enormen Gewinn erzielt und sich endlich den Traum erfüllt, ein Häuschen am Ortsrand zu kaufen – sein kleines Paradies. Die friedlichen Morgenstunden hatten es ihm besonders angetan. Die lärmenden Nachbarn waren bereits außer Haus: die in ihrer Freizeit lautstark werkelnden Familienväter unterwegs in die hektische Stadt, die den ganzen Nachmittag plärrenden Sprösslinge in der Schule oder dem Kindergarten, ihre ständig schwatzenden Mütter zum Einkauf oder ebenfalls zur Arbeit. Es herrschte erholsame Stille.

Er schlug gerade die Seite mit den Börsenberichten auf, als ein Gekreische die Idylle abrupt beendete. Einige Minuten versuchte er, die unliebsame Störung zu ignorieren, war sie doch seiner eigenen Genusssucht zuzuschreiben. Schon mehrere Male hatte er es bereut, vor einem Monat die drei weiblichen Wesen ins Haus geholt zu haben. Um ihnen genügend Freiraum zu geben, hatte er sogar angebaut: einen Aufenthaltsraum mit direktem Zugang zum Garten, in dem sie sich gerne betätigten.

Heute waren die schrillen Töne schier unerträglich. Hastig sprang er auf. Mit einem gequälten Lächeln näherte er sich den Mitbewohnerinnen, wünschte ihnen: „Guten Morgen", doch sie beachteten ihn kaum. Das Gezeter war nicht auszuhalten. Er bebte vor Wut. Mit einem raschen Blick auf die umliegenden Häuser vergewisserte er sich, dass ihn niemand beobachtete. Langsam pirschte er sich an die Schreiende heran, beugte sich vor, griff zu, ertastete den mageren Hals. Ein heftiger Ruck, ein lautes Knacken, dann wohltuende Stille. Dafür schien ihm der Preis, künftig nur noch zwei Frühstückseier verzehren zu können, durchaus berechtigt.

Mein erster Versuch in Sachen Mini-Krimi. Eine Fernsehzeitschrift hatte 2005 um Einreichung von Texten gebeten. 100 Normzeilen, Witz, Spannung und ein überraschendes Ende waren gefordert. Aber wie das alles in wenigen Worten unterbringen? Der Verlag bestätigte den Eingang meines Beitrags, gedruckt und honoriert wurde er nicht. Nach einigen Jahren (und ohne Starallüren) betrachtet, handelt es sich auch eher um eine Kurzgeschichte.

Wie ich auf die Idee kam? An dem Tag, an dem ich die Ausschreibung gelesen hatte, wurden die in der Wohnung aufgezogenen Küken in den Stall umgesiedelt. Sie logierten zwar in einem separaten Gehege, aber in Sichtweite der alten Glucken. Eine Henne erzürnte sich darüber und hob zu einem 24-Stunden-Gegacker an. Als ich morgens um fünf immer noch nicht eingeschlafen war, beherrschte mich nur noch ein Gedanke: „Der dreh ich den Hals rum."

Kuschelmord

Der Blick auf den Wecker zeigte mir, dass es erst kurz vor acht war. Gerne hätte ich an meinem freien Tag noch etwas gedöst, aber dieser Wunschtraum zerrann mit dem Trippeln kleiner Hundepfoten auf dem Fliesenboden. Mir war klar, was nun kommen würde: Ein mutiger Sprung, Hanni landete auf meiner Bettdecke und versuchte, mir ein Begrüßungsküsschen zu geben.

„Nein, Hanni", befahl ich. Er wedelte heftig mit dem Schwanz und schmiegte sich an mich. Ich musste unbedingt konsequenter in der Erziehung des Welpen sein, mehr Autorität in die Stimme legen. Aber damit würde ich unser morgendliches Ritual zerstören, das ich ebenso liebte wie er. Jetzt leckte mir mein kleiner Liebling ausgiebig den Arm. Was kitzelte da so? Ich entdeckte ein Büschel weißer Flusen an seiner Schnauze. „Ach, Hanni, wo hast du denn wieder rumgeschnuffelt?"

Wie immer begleitete mich der Hund bei meiner Morgentoilette. Auf dem Weg nach unten warf ich einen Blick in Majas Zimmer. Meine Tochter lag noch im Bett und las in dem Programmheft des Musicals, das sie am Vorabend besucht hatte.

„Guten Morgen, mein Schatz", rief ich ihr fröhlich zu.

„Hi, Mama. Wie war dein Abend?"

„Sehr amüsant. Ich mache jetzt Frühstück. Wir setzen uns gemütlich zusammen, dabei können wir von unseren Erlebnissen erzählen. Ich bin gespannt, wie dir die Aufführung gefallen hat."

„Okay, Mama, ich komme gleich, möchte aber vorher duschen und mir die Haare waschen; es wird etwas dauern."

„Mach nur langsam, ich muss sowieso noch den Hund rauslassen."

Auf der Treppe bemerkte ich einige wollige Gespinste, genau das Zeug, das ich aus Hannis Fell geklaubt hatte. Auch im Flur lagen weiße Flusen herum. Eigenartig, ich hatte doch gestern Morgen gesaugt.

Kaum hatte ich die Terrassentür geöffnet, fiel hinter mir mit einem Knall die Küchentür zu. Wie oft musste ich dem Kind noch sagen, nach dem Lüften der Essensgerüche das Fenster wieder zu schließen.

Während ich dem aufgeregt im Garten herumspringenden Welpen zusah, überdachte ich den Tagesablauf: ein langer Spaziergang mit dem Hund, die Einkäufe, mein Kostüm musste noch von der Reinigung abgeholt werden, ich wollte es am Dienstag bei der Besprechung mit den englischen Geschäftsfreunden anziehen. Aber zunächst freute ich mich auf eine Tasse Kaffee.

In der Küche zog ich die Jalousie hoch – und erstarrte. In der Scheibe war ein riesiges Loch. Ein Einbruch! Hektisch rannte ich zurück ins

Wohnzimmer. Es war ziemlich unaufgeräumt, aber das hatte nichts mit einem Einbruch zu tun, musste ich mir eingestehen. Ich öffnete einige Schubladen und Schranktüren, alles schien unverändert. Geld und Papiere hatte ich bei mir gehabt, und im Schlafzimmer, wo ich meinen Schmuck aufbewahrte, war mir ebenfalls nichts aufgefallen.

Ich überlegte angespannt und sah plötzlich alles klar vor mir. Die Täter waren durch das Küchenfenster eingedrungen, hatten den Rollladen heruntergelassen, damit man die zerbrochene Scheibe von der Straße aus nicht sehen konnte, und das Haus durch die Eingangstür wieder verlassen. Ich musste sofort die Polizei verständigen. Eine Station lag eine Straße weiter, die Beamten kannte ich vom Sehen.

Aufgeregt schilderte ich am Telefon, was ich vorgefunden hatte: das eingeschlagene Fenster, die vielen Flusen. Abschließend musste ich allerdings kleinlaut zugeben: „Soweit ich feststellen konnte, fehlt nichts.‟

Der Beamte beruhigte mich: „Keine Aufregung. Wir sind sofort bei Ihnen. Für die Versicherung müssen wir sowieso ein Protokoll aufnehmen.‟

Eine Polizistin etwa in meinem Alter und ein junger Kollege klingelten bereits wenige Minuten später. Ein Klang, der unweigerlich auch den Hund anlockte, der die Ankömmlinge herzlich begrüßte, sich vor ihnen auf dem Boden wälzte, um seine Streicheleinheiten einzufordern.

„Da haben Sie aber nicht gerade einen Wachhund‟, stellte die Beamtin lächelnd fest und kraulte ihn am Bauch. So liebte es Hanni: viele Leute im Haus, die sich mit ihm beschäftigten.

Der junge Mann begutachtete das eingeschlagene Fenster, die Polizistin schaute sich in den anderen Räumen um.

„Keine Anzeichen eines Einbruchs, aber überall Flusen‟, berichtete sie, als sie in die Küche kam. Sie hatte einige aufgesammelt und zu einem Knäuel geformt. Nun rieb sie das Material zwischen den Fingern, roch daran und meinte: „Das ist eindeutig Schafwolle.‟

Ihr Kollege staunte. „Woher weißt du das so genau?‟

„Meine Tochter leidet an einer Allergie gegen Kunstfasern. Ich habe ihr früher selbst Puppen genäht und mit Naturmaterialien gefüllt, und zwar mit Schafwolle." Sie wandte sich an mich: „Vielleicht hat der Hund ein Kissen zerfetzt."

„Unmöglich. Meine Tochter findet diese Art der Sofadekoration absolut uncool. Ich musste alle entsorgen."

Sie lächelte mich mitfühlend an. „Die Jugend. Derartige Kritik und Ausdrücke kenne ich von meinen Kindern zur Genüge."

Wir setzten uns an den Küchentisch, um das Protokoll aufzunehmen.

„Wer ist sonst noch im Haus?", begann der junge Mann.

„Meine Tochter Maja."

„Um welche Zeit könnte der Einbruch stattgefunden haben?", fragte der Polizist weiter.

„Keine Ahnung. Ich war gestern Abend auf einer Firmenfeier, da ist es spät geworden. Ich bin nur noch ins Bett gefallen. Den Hausschlüssel lassen wir meist von innen stecken. Ob ich wirklich abgeschlossen habe ... Ich bin mir nicht sicher."

„Und Ihre Tochter?"

„Sie war mit Freundinnen unterwegs, hat mir gegen Mitternacht eine SMS geschickt, dass sie wieder zu Hause ist."

Während meine Personalien in den Vordruck eingetragen wurden, inspizierte die Polizistin die Fensterscheibe.

„Merkwürdig. Nur Scherben auf der Spüle und der Arbeitsfläche", murmelte sie. Sie hockte sich hin und suchte sorgfältig den Boden ab. Langsam richtete sie sich wieder auf, ging zum Kühlschrank und fischte einen Zettel darunter hervor. Bevor sie ihn sich ansehen konnte, erschallte aus dem Obergeschoss ein hysterischer Schrei. Der junge Polizist sprang auf und rannte in den Flur.

„Wohin?", rief er über die Schulter.

„Oben, die zweite Tür rechts", keuchte ich und hastete mit seiner Kollegin hinter ihm her die Treppe hinauf.

Maja stand an ihrem Schreibtisch und schaute uns verwundert an.

„Polizei?", wandte sie sich fragend an mich.

Mit wenigen Worten setzte ich sie über die Situation in Kenntnis: „Bei uns wurde eingebrochen. Die Fensterscheibe in der Küche ist eingeschlagen."

Maja errötete und stammelte: „Sorry, Mama, das habe ich total vergessen. Die Jungs von nebenan wollten auf der Straße ein Fußballturnier austragen und dabei ist der Ball ... Der Vater war da. Er hat gesagt, er wird für den Schaden aufkommen. Er will sich heute bei dir melden. Wegen Hanni habe ich die Scherben auf dem Fußboden noch schnell weggekehrt, zu mehr war keine Zeit. Du weißt doch, Elenas Mutter sollte mich um fünf abholen. Ich habe dir aber einen Zettel auf den Tisch gelegt."

Die Polizistin reichte mir den Bogen Papier, den sie immer noch in der Hand hielt. „Die Zugluft hat ihn wahrscheinlich vom Tisch geweht."

Meine Unruhe legte sich langsam. Ich atmete auf. Damit war der vermeintliche Einbruch aufgeklärt. Aber Maja ...

„Was ist passiert? Warum hast du so geschrien?", herrschte ich meine Tochter an.

Verlegen schaute sie zu den Polizeibeamten, musste dann aber grinsen und ging zu Hannis Körbchen. Sie hob die Hundedecke hoch und zeigte auf den darunter verborgenen Körper: Kuschel, ihr Teddybär aus Kindertagen. Beide Beine und ein Arm waren abgetrennt, der Körper aufgerissen, der ehemals dicke Bauch schlaff und leer.

Die Beamtin kicherte. „Da hat der Hund aber ganze Arbeit geleistet."

Trotz des traurigen Anblicks fiel mir ein Stein vom Herzen. Erleichtert seufzte ich. „Armer Hanni. Ihm war es wohl sehr langweilig ohne uns. Schade um den alten Kuschel. Vielleicht kann ich ihn reparieren. Ob ich den Körper wieder mit Schafwolle stopfen werde, muss ich mir noch stark überlegen."

Der Polizist lachte. „Wenn wir geahnt hätten, dass außer dem Einbruch auch noch ein Mord geschehen ist, wären wir mit einer Hundertschaft angerückt."

Ich hatte nur noch einen Wunsch: im Boden zu versinken. Entschuldigend stammelte ich: „Es war voreilig von mir, Sie anzurufen. Ich hätte vorher mit meiner Tochter sprechen müssen. Das ist mir jetzt sehr peinlich."

Die Beamtin lenkte verständnisvoll ein. „Schon in Ordnung. Eine Verkettung unglücklicher Umstände. Kinder und Haustiere sind unberechenbar, da spreche ich aus Erfahrung. Und in der Mittagspause", sie zwinkerte dem Polizisten zu, „können wir im Kollegenkreis stolz berichten, die Statistik aufgebessert zu haben. Immerhin wurden in wenigen Minuten, und das auch noch ohne unser Zutun, gleich zwei Fälle aufgeklärt. Ich bin mir sicher, wir werden mit dieser Geschichte zur allgemeinen Erheiterung beitragen."

Ich bedankte mich bei den beiden und notierte im Geiste zwei weitere Punkte auf meiner To-do-Liste: Noch heute Nachmittag würde ich einen Kuchen backen und bei der Polizeidienststelle abgeben ... und am Montag Hanni in der Welpenschule anmelden.

Mein Beitrag zur Ausschreibung „Schafskrimi", also eine kriminalistische Geschichte, die in irgendeiner Form etwas mit Schafen zu tun hat, wurde nicht angenommen. Eigentlich wundert es mich nicht. Von Spannung keine Spur. Ich gebe zu, das war inhaltlich alles etwas an den Haaren herbeigezogen, krampfhaft konstruiert, allerdings sind das viele Krimis. Vielleicht sollte ich, um in meiner Genialität entdeckt zu werden, bei realen Begebenheiten bleiben und Geschichten aus dem Leben zu Papier bringen, wie zum Beispiel diese hier:

Nie wieder!

Ein Einarmiger Bandit. Der Begriff ist zwar noch gängig, aber diese mechanischen Geräte mit Hebel und Walze gibt es nicht mehr. Die heutigen Slot Machines sind Videospielgeräte, auf denen die Walzen nur simuliert und mit Tastendruck gestartet werden. Gewonnen wird aber nach wie vor, wenn gleiche Symbole erscheinen.

Am letzten Tag unseres Aufenthaltes in Las Vegas musste ich es wagen. Es wäre ja peinlich, auf spätere Nachfragen antworten zu müssen: „Ja, ich war eine Woche im Spielerparadies, habe aber keinen Dollar riskiert."

Im MGM Grand-Hotel wurden innerhalb weniger Minuten fünf einzelne Dollar in den Schlitz einer Slot Machine geschoben, die hurtig mit der Meldung „Game over" verlustig gingen. Aber interessant war es schon, obwohl ich nicht ganz bei dem System durchgeblickt habe: Die optimalen Gewinnchancen bei höherem Einsatz pro Spiel, die Linien- oder Kurvenvarianten.

Nachmittags kamen wir auf unserem Erkundungsmarsch nochmals ins New York-New York, eines meiner Lieblingshotels. Dort wollte meine Reisebegleitung es nun ebenfalls wissen und begab sich auf die Suche nach einer netten Slot Machine. Die einfallslosen Automaten (absolut die Mehrheit) mit den Anzeigen 7, 77, 777 oder bar, bar-bar, bar-bar-bar mochten wir beide nicht. Aber es gab noch viele andere Motive, beispielsweise Frösche, Fische, Märchenfiguren, Feen, ägyptische Symbole, Strandgut …

Meine Bekannte saß mittlerweile auf dem Hocker vor einem Automaten. Ich wollte ihr nicht über die Schulter schauen, das macht nervös, da ist der Einsatz im Nu auf Nimmerwiedersehen im Gerät verschwunden. So sah ich mich im Casino um und erspähte eine bisher noch nicht entdeckte Bilderserie: verschiedene Kuhköpfe, eine Melkmaschine, Milchkannen, eine Alm, ein Kakaopäckchen – wie nett! Ich hatte ja Zeit, einen Dollar konnte ich auch noch verschmerzen und außerdem darf man rauchen, wenn man an den Spieltischen oder -automaten sitzt; an jedem steht ein Aschenbecher bereit.

Diesmal habe ich mir die Regeln vorher durchgelesen, das kann man an jedem modernen Einarmigen Banditen tun, aber so ganz immer noch nicht verstanden. Nur soweit: Man gewinnt, wenn in den Fünferreihen mindestens drei Kühe, auch unterschiedliche Köpfe, aufeinandertreffen. Sind es vier Kuhporträts und kommt noch eine Melkmaschine in der Reihe oder Linie hinzu, ist das der Hauptgewinn. Wenn man mit dem Mindesteinsatz spielt, bei diesem Gerät 5 Cent (es gibt selbstverständlich auch Automaten mit einem Minimum von 25 Cent oder einem Dollar), dann zählt nur die mittlere Reihe. Bei doppeltem Einsatz gelten zwei Reihen, bei dreifachem alle drei. Bei fünffachem Einsatz, also 25 Cent, werden auch Zackenlinien in die Gewinnchancen einbezogen, allerdings gibt es dafür weniger Bonuspunkte.

Es wäre ja nun ganz schön dämlich, wenn mehrere Kühe in der ersten oder unteren Reihe erscheinen würden, ich nur auf die mittlere gewettet hätte. Also – voller Einsatz. Der entsprechende Knopf wurde aktiviert, vier Mal die Taste gedrückt, schwupps, schon war das Game wieder over, der Dollar weg. Und ich hatte doch noch nicht einmal meine Zigarette zu Ende geraucht.

Vielleicht sollte ich als Vorbereitung auf das Kommende noch schnell erwähnen, dass diese Geräte auch Geräusche von sich geben. Das früher übliche Fallen von Münzen oder Chips gibt es nicht mehr, Gewinne werden auf Verlangen als Pappkärtchen mit Magnetstreifen ausgeworfen. Aber die Automaten selbst verfügen über eine zum Thema passende Vertonung, in meinem Falle einem ab und zu ertönenden Gemuhe, Kuhglockengeläute oder dem Aneinanderschlagen von Milchkannen, und das alles in voller Dröhnung.

„Einen Dollar riskiere ich noch", sagen wohl alle Spieler, so auch ich. Den Schein in den Schlitz geschoben, größte Gewinnchance eingestellt, Taste gedrückt – nichts. Na ja, die Zigarette ist bald aufgeraucht, dann gehe ich weiter bummeln. Aber drei Versuche habe ich ja noch. Taste gedrückt, geschaut, geschaut ... Kühe, Melkmaschine, dann veränderte sich schlagartig das Bild, so etwas hatte ich bei diesen Automaten noch nie gesehen. Ein Regal mit sechs Glasflaschen erschien, von denen ich auf dem Touchscreen drei antippen sollte, was ich getan habe. Das Ergebnis zeigte ein Mal Schokoladenmilch 4.000, zwei Mal Erdbeermilch 8.000 Bonuspunkte. Ich habe das alles nicht so richtig verstanden. Aber gehört habe ich es! Ein ständiges und vor allem lautes Muhen und Läuten. Langsam zählten sich die Punkte hoch, Muh, bimmel bimmel, Muh. Nun hatte ich genügend Zeit, eine weitere Zigarette in aller Ruhe zu rauchen.

Andere Spieler schauten um die Ecke und spähten, was bei mir vor sich ging, lächelten mich an. Muh, bimmel bimmel, Muh. Eine der Damen, die die Spieler mit Getränken versorgen, kam angerannt und fragte nach meinen Wünschen. Muh, bimmel bimmel, Muh. Es zählte und zählte, Muh, bimmel bimmel, Muh. Und dann erschien endlich der 12.050-Bonus in der Anzeige. Na toll, 12 Dollar Gewinn – und da machte das Teil so ein Spektakel. Aber umso besser, so konnte ich noch eine Weile weitermachen. Taste gedrückt, geschaut, aber leider nicht schnell genug. Muh, bimmel bimmel, Muh. Auf dem Bildschirm erschienen zwei Kuhfiguren, von denen ich eine auswählen sollte. Ohne viel zu überlegen, es ist ja alles nur ein großer Spaß, klickte ich mit dem Finger eine an, beide rannten sofort los, Muh, bimmel bimmel, Muh. Die Spielautomaten-Nachbarn schauten schon wieder. Meine Kuh sauste als erste durchs Ziel, ich erhielt eine Gutschrift von 2.000 Punkten, die mein Konto langsam aufstockten, Muh, bimmel bimmel, Muh. Wieder im normalen Spielmodus, verfügte ich über 14.025 Punkte.

Einige Male wurden die Wettchancen verändert, aber es ließen sich keine Kühe mehr blicken, auch das Gemuhe und Gebimmel erklang nur noch sporadisch. Als die Bekannte neben mir auftauchte, wies das Konto nur noch 4.280 Bonuspunkte auf. Ich erzählte ihr von meinem freudigen Kuherlebnis. Sie meinte: „Den Gewinn kannst du dir anzeigen lassen." Gesagt, getan. Dort stand: 42,80 Dollar. Oh Schreck! Dann waren die von mir zwischenzeitlich fälschlich angenommenen 14 eigentlich 140 Dollar Gewinn gewesen. Nun aber Schluss mit der Spielerei.

„Davon gehen wir heute Abend essen." Mit diesen Worten drückte ich entschlossen den Ausgabeknopf, das Pappkärtchen entschlüpfte dem Automaten. Schnell zur Auszahlungsmaschine, die Scheine und Münzen ausspuckte.

Abends haben wir uns Cola und leckere Burger mit Pommes im „Planet Hollywood" gegönnt, die von meinem Gewinn abzüglich der investierten sieben Dollar locker bezahlt werden konnten, es blieben sogar noch 80 Cent übrig.

Sollte ich nochmals nach Las Vegas kommen, was im Hinterkopf geplant ist, werde ich dort keinen einzigen Dollar mehr verspielen. Eine derartige Glückssträhne hat man sicherlich nur ein Mal im Leben. Denn käme das generell öfter vor, würde das Spielerparadies Las Vegas in seiner monumentalen Pracht überhaupt nicht existieren.

Ich übertreibe doch nicht!

Das mag dem nüchternen Leser alles sehr bunt, schillernd, laut und überspitzt dargestellt erscheinen, aber so ist Las Vegas – und deshalb liebe ich es. Nehmen wir zum Beispiel das Hotel Paris. Seine Attraktion ist der Eiffelturm. Die mit drei Beinen im Casino stehende Nachbildung ist halb so groß wie das Original. Wenn man mit dem Aufzug zur Aussichtsplattform fährt und von 160 Meter Höhe hinunter blickt, reicht das durchaus, um einen Eindruck zu bekommen, von „klein" kann man da kaum sprechen.

Oder der Venetian Hotelkomplex mit seinen 7.128 Zimmern. Es sind zwar nicht alle mit zwei Kingsize-Betten ausgestattet, aber 20.000 Personen können garantiert dort logieren. Das ist eine Kleinstadt! Dass man für alle Gäste Essensmöglichkeiten anbietet, Restaurants, Cafés, Snackbars, Stehimbisse, damit sie möglichst im Hause bleiben und nicht woanders ihr Geld ausgeben, ist selbstredend. Hinzu kommen zwei Theater und ein riesiger Nachtclub, in dem ich zwar nicht war, aber ich gehe von enormen Dimensionen aus, da sich abends davor Menschenschlangen von über zweihundert Metern bildeten.

Die reine Casinofläche beträgt fast 21.000 Quadratmeter. Ich habe mit Entfernungen und Maßen so meine Probleme, muss immer einen Zollstock zu Rate ziehen oder mir einen Vergleich ausdenken. Ein genormtes Fußballfeld, also die für Länderspiele, nicht die von Hobbykickervereinen, ist 68 Meter breit und 105 Meter lang. Das sind 7.140 Quadratmeter. Demnach ist das Casino im Hotel Venetian ziemlich genau drei Fußballfelder groß. Ein ständiger Besucher von Live-Events wird sich sofort ein Bild machen können, aber als Fernsehzuschauer wirkt so ein Spielplatz aus der Entfernung doch eher klein. Ich habe weiter gerechnet: Mein Rasenmäher hat eine Schnittbreite von 36 Zentimetern. Wenn ich ordentlich laufe, immer schön eine Bahn bündig an die andere, dann wären es knappe 60 Kilometer. Bei einem Schlendergang von vier Kilometern pro Stunde folglich ein Zeitaufwand von 15 Stunden. Beeindruckend, oder? Das muss man einfach gesehen und erlebt haben, also nicht den Mähmarathon, sondern die Ausmaße des Casinos.

Auf den Kanälen außen und innen kann man unter malerischen Brücken hindurch mit Gondeln fahren. Von den Gondoliere in Originalkleidung erschallt auch schon einmal ein live gesungenes „O sole mio".

Der Markusplatz im Innenraum beherbergt Lokale und eine Bühne, auf der das ganze Jahr über Karneval in Venedig gefeiert wird. Die Lichtverhältnisse unterliegen dem umgekehrten Rhythmus: Am Tag ist der Platz nächtlich beleuchtet, bei Nacht erstrahlt er unter taghellem Himmel. In den nachempfundenen Villen entlang des Kanals befinden sich italienische Restaurants, Buchhandlungen, Glasgeschäfte, Souvenirläden – alle Angebote natürlich zum Thema Venedig.

Vor dem Hotel ist die Rialtobrücke und der Campanile nachgebaut, in dem sich der Eingang zum Wachsfigurenkabinett befindet.

Und das ist nur ein Beispiel. Man kann in Las Vegas tagelang nur durch Hotels laufen und mit weit aufgerissenen Augen staunen.

Apropos Wachsfiguren …

Die Gruselkammer

Obwohl es nicht gerade wenig Eintritt kostet und ich in solchen Museen schön öfter war, lade ich meine Reisebegleitung spontan zu dem Besuch des Wachsfigurenkabinetts ein. Und dieses hier ist tatsächlich anders, denn es gibt keine Schilder mit der Aufschrift: „Berühren verboten". Jeder begrabscht und betatscht die Ausstellungsstücke, posiert für Fotos davor, dahinter, daneben.

Angelina Julie und Brad Pitt begrüßen uns, es folgen die Piraten der Karibik, also die beiden Hauptdarsteller Orlando Bloom und Johnny Depp in voller Montur. Ich gehe davon aus, sie sind in Originalgröße dargestellt. Mir kommen beide sehr klein vor, aber das sage ich jetzt von meiner Warte als 1,87-Meter-Frau. Wir machen „normale" Fotos, eine Gruppe Mädels lichtet sich dagegen unter großem Gelächter ab. Sie stellen sich nicht einfach dazu, sondern hätscheln, küssen, knutschen die beiden, hängen sich an die Hälse der Stars (es wundert mich, dass diese nicht umgefallen sind), eine legt den Piraten die Hände auf die männlichen Teile, das Gegickel ist kaum zu übertreffen.

In der Hochzeitskapelle werden wir von einem Pfarrer empfangen. George Clooney wartet mit einem Smoking bekleidet vor dem Altar. An einer Garderobe hängen schlichte Brautkleider in verschiedenen Größen, alle hinten offen, damit man sie leicht überstreifen kann. Wir müssen schon eine Weile warten, bis George endlich frei ist, auch uns die Hand fürs Leben, ich meine natürlich für ein Foto zu reichen. Ganz sicher hält er den Heiratsrekord in Amerika, der Andrang ist enorm.

Wen gibt es noch? Berühmte Schauspieler, Staatsmänner, Sportler, Sänger. Elvis kann man an der Hand drücken, worauf er einen Satz spricht. Geht es noch geschmackloser? Ich kannte das bisher nur von Plüschtieren.

Die Darstellung von Siegfried und Roy mit einem weißen Tiger gefällt mir sehr gut. Schön, sie hier als brillante Zauberer verewigt zu sehen, es ist ja „ihre Stadt".

Wir kommen zur Gruselabteilung. So etwas habe ich schon oft gesehen, Frankenstein & Co., nicht so mein Ding. Bei dem horrenden Eintrittspreis muss man aber alles auskosten. Wir dürfen nicht einfach loslaufen, sondern werden vor einer Tür aufgehalten bis sich genügend (in unserem Falle acht) Interessenten eingefunden haben. Taschen, Fotos und Rucksäcke müssen abgegeben werden. Das wird ja echt spannend!

Ein älterer Herr holt uns ab; wir versammeln uns in einem kleinen Raum. Er lässt sich hinter einem Schreibtisch nieder, wir stehen im Halbkreis um ihn herum. Er erklärt den Ablauf und die Verhaltensregeln, erzählt von den bekannten Monstern und ihren Erschaffern. Langsam sackt sein Kopf auf die Brust, er schläft ein, doch hinter ihm auf der Leinwand spricht ein nur unscharf wahrnehmbares Gesicht, genauer gesagt der Mund, weiter. Ich kann mich auf seine Worte nicht allzu sehr konzentrieren, hege immer die Befürchtung, irgendetwas oder -jemand könnte mich in dem dunklen Kämmerchen von hinten packen oder „Buh" rufen. Das ist im Grunde nicht schlimm, aber man kann sich dabei ganz schön erschrecken.

Das alte Männchen erwacht wieder. Es ermahnt uns, nichts anzufassen, und stellt uns in einer Reihe auf: ein sehr großer junger Mann an erster Stelle, dahinter seine winzige Freundin, der Rest in gemischter Folge. Wir müssen jeweils dem Vordermann die Hände auf die Schultern legen, dann geht es im Gänsemarsch in einen finsteren Gang. – Geisterbahn per pedes.

Wir kommen an einigen gruseligen Gestalten vorbei, na ja, nichts besonderes eben, dann an einer Gruppe von Monstern, wovon sich einer als Untoter erweist. Als wir ihn passieren, springt er vor und greift nach uns. Boah, mein Herz! Nach diesem Erlebnis hört man die kleine Freundin unseres Anführers nur noch schreien. Seine Gangart wird schneller, ich nehme an, sie hat ihn ordentlich geschubst. Wir rennen förmlich durch die engen Gänge und um die scharfen Kurven. Es ist zum Totlachen.

Ich schätze mal, es ist ein Raum von höchstens fünf mal acht Metern, in dem wir uns bewegen. Den Gang entlang, Gruselgestalten am Ende, Spitzkehre, den schmalen, aus schwarzen Tüchern gebildeten Schlauch wieder runter, Monster, Spitzkehre. Einige Meter vor dem Ausgang vergeht mir kurzfristig das Lachen. Da kommt doch tatsächlich einer angesprungen und attackiert uns mit einer laufenden Motorsäge. Das Mädel an zweiter Stelle unserer Kette schreit nun hysterisch. Ich hätte nie gedacht, dass eine Steigerung ihrer bereits vorher schrillen Laute überhaupt möglich war. Mit hurtigen Schritten, ja fast schon Sprüngen, retten wir uns aus dem Betätigungsfeld des Angreifers. Dann hat der Spuk ein Ende, wir sind zurück am Eingang, dürfen die hinterlegten Dinge wieder an uns nehmen.

Wir lachen und lachen. Eigentlich sollte man den Besuch dieser grandiosen Show sofort wiederholen. Aber, ganz ehrlich, so ein wenig bin ich schon erleichtert, dass der junge Mann größer als ich war. An erster Stelle hätte ich nicht unbedingt marschieren wollen. Und warten, bis sich eine Gruppe von Riesen bilden wird …

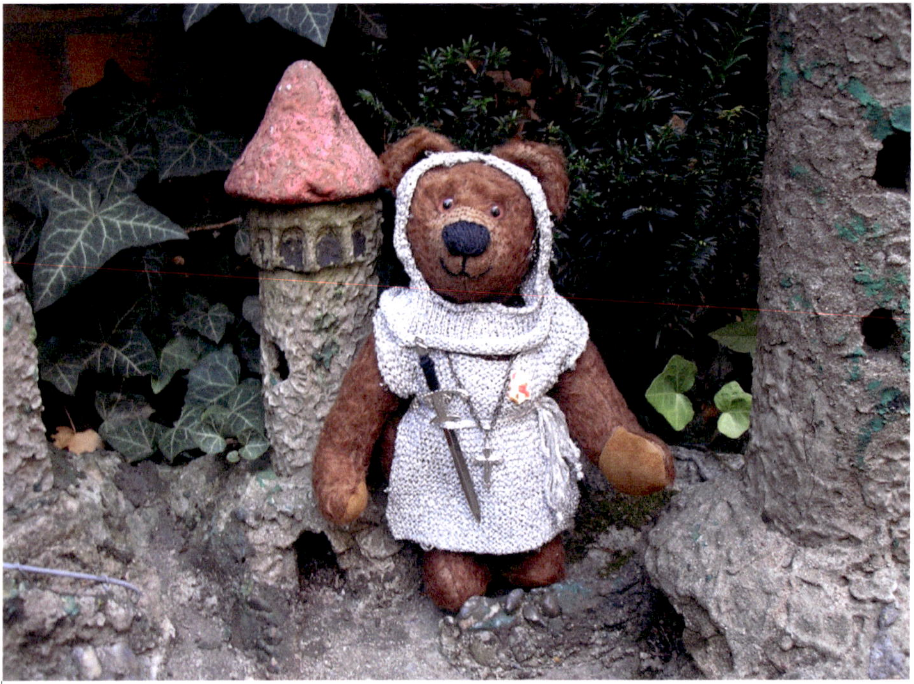

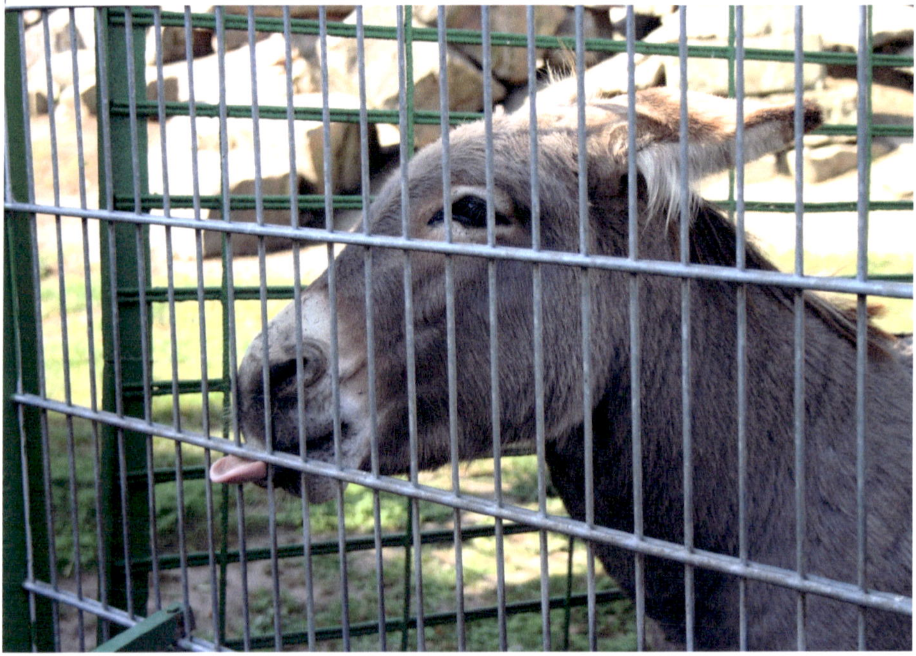

Wenn eine eine Reise tut

Ich begebe mich doch besser wieder in sichere Gefilde. Obwohl … sicher …

Gerade Erlebnisse in der Luft sind nicht immer lustig. Man wundert sich, schüttelt den Kopf, vielleicht ängstigt man sich sogar. Die genauen Ausmaße, die Auswirkungen, das Herannahen einer möglichen Katastrophe kann man als Laie kaum beurteilen. So saß ich beispielsweise einmal in einer Maschine von Kiew nach Frankfurt. Es war ein ruhiger Flug. Ein Imbiss wurde serviert. Ohne Vorwarnung legte sich das Fluggerät plötzlich in eine scharfe Linkskurve. Die Plastikbecher, die Tassen und Tabletts rutschten von den Tischchen, die herumwandelnden Passagiere klammerten sich an den Lehnen fest, um das Gleichgewicht nicht zu verlieren. Da fragt man sich unwillkürlich: „Warum fliegen wir zwei Stunden lang gefühlt geradeaus – und dann so ein Manöver?" Immer noch in Gedanken schaue ich zur rechten Seite aus der Luke – und dort fliegt doch tatsächlich ein Flugzeug vorbei, ziemlich dicht. Wenn wir also auf unserem Kurs geblieben wären, hätte es uns noch näher passiert oder vielleicht sogar …

Solche Begebenheiten muss man gleich aufschreiben, damit man sie nach Jahren selbst überhaupt noch glaubt. Ebenso wie die folgende Schilderung von einem Flug Dallas – Frankfurt:

Alles ganz normal

Irgendwo über Großbritannien ergreift der Flugkapitän das Wort und meldet, ein Triebwerk sei ausgefallen, man könne es leider nicht mehr in Gang setzen, auch das Bodenpersonal der Airline in Dallas wisse keinen Rat, aber sonst sei alles ganz normal. Sein die Rede abschließender Satz beruhigt ungemein: „Wie Sie sehen, fliegen wir noch – auch ohne dieses Triebwerk, nur geht es etwas langsamer."

Stimmt, wir sind noch in der Luft. Wie viele Triebwerke hat eigentlich so eine große Maschine?

Die nach wenigen Minuten folgende Hiobsbotschaft ist zwar weniger dramatisch, dafür aber mit Unannehmlichkeiten und weiterem Zeitverlust verbunden. Unser Kapitän verkündet: „Aufgrund der Wetterverhältnisse – starker Nebel – können wir nicht in Frankfurt landen. Wir werden weiter nach Zürich fliegen. Die Treibstoffvorräte reichen dafür aus."

Am Triebwerksausfall kann ich nichts ändern, da muss man wohl auf die alte Weisheit zurückgreifen: „Runter kommen sie alle." Da diese Fluglinie in Zürich keine Vertretung hat, gibt es dort auch kein Personal, das Reparaturen ausführen kann. Wahrscheinlich wird eine Ersatzmaschine von Dallas kommen. Dass man uns alle, immerhin ist unser Flieger bis auf den letzten Platz besetzt, auf andere Fluggesellschaften verteilen kann, bezweifele ich. Ratlosigkeit, Wartezeit, Diskussionen, Umladen des Gepäcks, erneutes Einchecken, das dauert. Aber Hauptsache, wir kommen gesund an.

Bei klarer Sicht nähern wir uns Zürich. Mmmh, war die Sonne nicht gerade auf der linken Seite? Jetzt ist sie auf meiner. Nach einigen Minuten muss ich feststellen, dass sie wieder von links scheint. Warum lässt man eine Maschine mit Triebwerkschaden kreisen? Kann man die nicht vorziehen? Oder will man uns nicht?

Gerade als die Sonne wieder durch die rechten Luken schaut, ertönt die Stimme aus dem Cockpit: „Wir fliegen zurück nach Frankfurt, es hat dort aufgeklart. Der Treibstoff reicht noch aus."

Wie beruhigend.

Beim Anflug auf unseren Zielflughafen werfe ich einen Blick aus dem Fenster, es sind nur graue Wolken zu erkennen. Wahrscheinlich bin ich übermüdet, denn ich sehe plötzlich ein ungewöhnliches Phänomen: aus der Wolkenschicht lugt ein Kreuz hervor!? Bevor ich mir ernsthafte Sorgen über meine geistige Verfassung machen kann, meldet sich wieder das Cockpit: „Es verläuft alles ganz normal, machen Sie sich keine Sorgen. Wenn wir in Frankfurt landen, werden Sie Feuerwehrfahrzeuge sehen. Das ist bei einem Triebwerksausfall immer so. Das ist ganz normal."

Mit dem Flugzeug und der Landung ist also alles normal. Aber was ist mit mir? Bin ich es noch? Ist es möglich, ein Kreuz über den Wolken zu sehen? Das Rätsel löst sich umgehend. Kaum in die Wolkendecke eingetaucht, rumst es auch schon gewaltig. Wir haben bereits auf dem Rollfeld aufgesetzt. Es waren gar keine Wolken, sondern eine Nebelschicht, das religiöse Zeichen auf einem Kirchturm gerade hoch genug, um aus der dicken Suppe herauszuragen. Wie versprochen, stehen unzählige blinkende Feuerwehrautos rechts und links der Landebahn, die uns zum Terminal begleiten.

„Alles ganz normal!" war lange Zeit ein geflügeltes Wort in der Familie. Noch heute werde ich hellhörig, wenn im täglichen Sprachgebrauch diese Worte fallen, bin dann weniger beruhigt, sondern äußerst skeptisch.

Aller guten Dinge sind drei

Üben! – Das Zauberwort für Erfolg, wobei man es sinnvollerweise meist drei Mal hintereinander nennt. Übung macht den Meister, sagt man auch. Aber auf dieses Zertifikat bin ich nicht scharf, nur auf Anerkennung, Berühmtheit und Reichtum.

Wie wäre es zur Abwechslung einmal mit einem Drehbuch? Ob sich ein Produzent dafür finden wird? Gibt es nicht jährlich Preise für Kurzfilme? Das wäre auch eine Möglichkeit, ins Geschäft zu kommen.

Spätes Glück

Schauplatz: ländliche Umgebung
Hauptdarsteller: Esel, Pferd
Nebenrollen: weitere Esel und Pferde
Statisten: fünf bis acht Bäume
Requisiten: Weidezaun

Esel (schwärmerisch): Sie ist so schön.
Pferd (verächtlich schnaubend): Die Stute auf der Weide hinter dem Bahnhof ist schön: Edler Kopf, lange Wimpern, seidig glänzendes, schwarzes Fell. Aber diese ausgemergelte Eselin …
Esel (entrüstet): Sprich nicht so von meiner Angebeteten!
(Pause)
Esel (mehr zu sich selbst): Ich singe ganz gut. Ob ich ihr ein Ständchen bringen soll?
(Esel wirft den Kopf in den Nacken.)
Esel (laut schmetternd): I-A, I-A, I-A.
(Keine Pause)
Pferd (entsetzt): Hör auf! Das klingt fürchterlich! Hast du schon mal das zarte Wiehern der Stute auf der Weide hinter dem Bahnhof gehört? Da steckt Musik drin!
(Pause)
Esel (wieder schwärmerisch): Sie ist so intelligent.
Pferd (leicht genervt): Eine Eselin? Esel sind von Natur aus dumm. Die Stute auf der Weide hinter dem Bahnhof ist intelligent. Sie trainiert sechs Mal pro Woche, hat schon zwei Rennen gewonnen.
Esel (unwirsch): Hör endlich auf mit der Stute auf der Weide hinter dem Bahnhof. Die interessiert mich nicht.
Pferd (eingeschnappt): Und deine Eselin interessiert mich nicht.
(Esel und Pferd blicken in verschiedene Richtungen. Längere Pause)
Esel (sich umwendend, nachdenklich): Gibt es eigentlich ein Standesamt für unsereins?

(Kurze Pause)

Pferd (sich ebenfalls umwendend, versöhnlich): Hier nicht, aber vielleicht in Bremen?

(Pause)

Esel (fragend): Hast du ihre wundervollen kerzengerade nach oben gerichteten Ohren gesehen?

Pferd (hastig): Die Stute auf der Weide hinter dem Bahnhof …

(Stille)

Pferd (wohlüberlegt): Auch Pferde haben schöne Ohren, nur etwas kleiner.

(Pause)

Esel (mitfühlend): Sie hat auch Probleme mit dem Rücken.

Pferd (seufzend): Wer hat die nicht?

(Pause)

Esel (wieder mitfühlend): Sie hat auch Probleme mit den Gelenken.

Pferd (wieder seufzend): Wer hat die nicht?

(Pause)

Esel (nachdenklich): Ihr Fell wird auch an einigen Stellen dünn.

Pferd (glücklich): Meines nicht!

(Pause)

Esel (entschlossen, aber nicht so wirklich): Wir sollten durchbrennen.

Pferd (kurz und entschlossen): Tut das!

(Esel ab über den Zaun)

Zweiter Versuch

Der folgende Text wird mich nicht berühmt machen, er hatte bereits seine Chance. Mein Beitrag zum Thema „Wandlungen/Wandel" wurde in einer Anthologie abgedruckt. Da ich die Geschichte aber mag, darf sie einen weiteren Versuch starten:

Hagebuttenmarmelade

„Hast du die Zeitung reingeholt?", fragte er fröhlich.

„Tut mir leid, mir gehen so viele Dinge durch den Kopf, das habe ich glatt vergessen. Wärst du so lieb?"

Mit einem breiten Grinsen wandte er sich zur Tür.

Der Tisch war bereits liebevoll gedeckt. Das neue Geschirr mit dem farbenfrohen Blumenmuster wirkte sehr elegant. Butter, Salami, Schinken, Käse, Quark, Pflaumenmus, Kaffee, Milch, Müsli, Orangensaft – sie hatte nichts vergessen. Und das Wichtigste, ihr ganz persönliches Symbol, stand ebenfalls auf seinem Ehrenplatz mitten auf der Tafel. Sie lächelte beim Anblick des ungeöffneten Glases Hagebuttenmarmelade. Um für Abwechslung beim Frühstück zu sorgen, die vor allem billig war, hatte sie in jedem Herbst eimerweise Hagebutten am Bahndamm gepflückt – eine schmerzliche Angelegenheit. An einem Wochenende hatte ihr Mann dann jeweils geholfen, die Früchte zu zerteilen, von den Kernen und Härchen zu befreien. Sie hatte sie gekocht, durch ein Sieb gestrichen, nochmals aufgekocht, das Mus mit Gelierzucker versetzt und in Gläser gefüllt. Ein Mal hatten sie es auf eine Meisterleistung von dreißig Stück gebracht. Aber eigentlich mochten sie beide diese Marmelade nicht.

„War der Bäckerbote schon da?", fragte ihr Mann, als er mit der Zeitung unter dem Arm hereinkam.

„Ja, pünktlich um halb neun."

Knackige Brötchen lagen in einem Korb bereit. Sie wohnten in einem kleinen Dorf, in dem es keine Geschäfte mehr gab, was sich zwar günstig auf die Mietkosten auswirkte, Annehmlichkeiten wie frische Brötchen ohne eine längere Autofahrt aber unmöglich machte. Seit einer Woche war der Bäcker der Nachbarstadt beauftragt, sie jeden Morgen zu beliefern.

„Möchtest du Sekt zum Frühstück?", fragte sie mit einem Augenzwinkern.

„Lieber nicht, ich bin noch ganz durcheinander von gestern. Oder kommt wieder Besuch?"

„Nein, jedenfalls hat sich niemand telefonisch angesagt. Und dein Rauschzustand, da bin ich mir nicht sicher, ob der noch vom Sekt kommt. Bleiben wir heute also bei Kaffee mit Milch."

Ab dem Jahr, als ihr erstes Kind das Schulalter erreicht hatte, war sie morgens ganz früh durch den Ort gelaufen, um frische Milch zu holen. Die mochten ihre Rangen gerne, bevor sie zum Schulbus rannten, und sie war fast geschenkt. Jahrelang hatte sie dem Bauern in der Landwirtschaft geholfen. Dafür wurde sie mit Naturalien bezahlt, mit Eiern, Milch und Kartoffeln. Nun waren die Kinder außer Haus, hatten Familien und führten ihr eigenes Leben.

„Alles fertig?", wollte ihr Mann wissen.

„Ja. Soll ich noch Eier kochen?"

"Unbedingt. Direkt vom Bauern, ich meine vom Huhn, sind sie immer noch am besten. Wer weiß, mit welcher Qualität wir uns in der Stadt zufriedengeben müssen."

Während sie darauf wartete, dass auf dem Küchenwecker die eingestellte Zeit ablief, schweiften ihre Gedanken wieder ab. Sie hatten ein schönes Leben gehabt. Zwar in einfachen Verhältnissen, mit Geld musste immer sehr wohlüberlegt umgegangen werden, aber doch glücklich. Manchmal waren ihr die Putzerei bei der Nachbarin, in ihrer Wohnung und die Wäscheberge von sechs Personen schon über den Kopf gewachsen, dann mussten alle anpacken. An den Wochenenden hatte sie immer in der kleinen Kneipe am Ortsrand in der Küche ausgeholfen. Da blieb wenig Zeit für gemeinsame Unternehmungen.

„Nun erzähl doch mal genau, was der Mann vorletzten Freitag am Telefon gesagt hat", drängte er.

„Nein, nicht schon wieder. Den Wortlaut habe ich dir jetzt mindestens zwanzig Mal geschildert."

„Mag sein, aber ich würde ihn gerne zum einundzwanzigsten Mal hören."

Ein bisschen wehmütig schaute sie zu ihrem Mann hinüber. Den Holztisch, an dem er saß, hatte er zu Beginn ihrer Ehe gezimmert. Sicher würde er ihn zurücklassen wollen. Aber es hingen so viele Erinnerungen daran: gemütliche Familienabende, Geburtstagsfeiern mit den Kindern aus der Nachbarschaft, Kaffeestündchen mit den Dorffrauen, bei denen sie Pullover gestrickt hatten.

„Träumst du, mein Schatz? Der Wecker hat geläutet und du schaust immer noch dem kochenden Wasser zu", ermahnte er sie zärtlich.

„Oh, das habe ich überhaupt nicht mitbekommen."

Sie trug die abgeschreckten Eier zum Tisch. Die kleinen Fenster der Dachgeschosswohnung ließen zwar nur wenig Helligkeit in die Zimmer, aber genau in diesem Moment erstrahlte die Blumenvase im Sonnenlicht. Solange sie sich erinnern konnte, hatten Wiesenblumen den Wohnraum geschmückt. In dem kleinen Gärtchen, das sie hinter dem Haus nutzen durfte, hatte sie sich aus praktischen Gründen auf den Anbau von Kräutern, Salat, Bohnen, Erbsen und einigen Erdbeerpflanzen beschränkt. Bei ihrer nächsten Einkaufstour würde sie sich einen Rosenstrauß kaufen.

„Wo ist eigentlich der Brief von gestern?", holte er sie in die Gegenwart zurück.

„Ist doch egal. Du hast ihn so oft gelesen, müsstest ihn mittlerweile auswendig können. Und viel wichtiger war doch wohl das beigefügte Stückchen Papier."

Den Scheck hatten sie gestern gleich zur Bank in der Stadt gebracht und sich dann einen schönen Nachmittag gemacht. Gemütlich waren sie durch Geschäfte geschlendert, durch die Straßen flaniert, hatten Cappuccino in einem Eiscafé getrunken und die einige Tage zuvor eröffnete Ausstellung im Kunstmuseum besucht. Sie liebte die Stadt.

„Möchtest du einen Teil der Zeitung? Sport, Politik oder die Kleinanzeigen?", neckte er sie.

„Heute ist Samstag, also die Reiseempfehlungen. Aber das weißt du doch genau."

Sie hatte immer davon geträumt, die Welt kennenzulernen. Als die Kinder aus dem Gröbsten raus waren, hatte sie mit den Nachbarsfrauen einen Bummelverein, wie sie ihn nannten, gegründet. Sie hüteten abwechselnd für einen ganzen Tag den Nachwuchs, und so kam jede von ihnen einmal im Monat in den Genuss, mit dem Bus alleine in die Stadt fahren zu können. Während die Nachbarinnen ihre freien Stunden ausschließlich in Läden oder den Konditoreien verbrachten, hatte sie sich meist in der Bücherei aufgehalten, um dort sehnsuchtsvoll in Bildbänden von fernen Ländern zu blättern. Bei schönem Wetter hatte sie die Werke ausgeliehen, sich in den Park gesetzt, ihren Proviant ausgepackt und von Stränden, Palmen, dem Ozean und der Wüste geträumt.

Er keuchte. Sie schreckte auf und starrte in seine Richtung, konnte aber nur die auseinandergefaltete Zeitung sehen, hinter der nun seine Stimme erklang: „Hier steht's!"

Sie konnte ihre Ungeduld kaum bezwingen. „Nun lies schon vor!"

„Jackpot geknackt. Der Jackpot, es handelt sich um eine Summe von 13,2 Millionen Euro, wurde bei der Ausspielung am 16. Juni geknackt. Der Scheck wurde gestern von einem Mitarbeiter der Lottogesellschaft persönlich dem stolzen Gewinner, einem Frührentner aus Oberhessen, übergeben, der sich und seiner Frau damit lang gehegte Wünsche erfüllen möchte."

Pfui Teufel

Menschen sind eigenartige Geschöpfe, nicht leicht zu verstehen. Unsere Hausfrau ist beispielsweise lange Zeit fünf Tage pro Woche weggegangen, angeblich, um uns zu unterhalten und für bärigen Nachwuchs zu sorgen. Aber wie sollte das mit der Unterhaltung funktionieren, wenn sie abwesend war? Und Nachwuchs? Darum konnten wir uns doch selbst kümmern, hatten ja sowieso ständig sturmfreie Bude, kicher.

Nun ist die Menschin zwar öfter zu Hause, aber ihre ungeteilte Aufmerksamkeit genießen wir trotzdem nicht. Stundenlang stöbert sie im Internet in den Seiten einer Partnervermittlung und schaut sich die Kandidaten genauestens an: Statur, Ausschnitt des Gesichts, manchmal sogar von hinten. Dass sie die nackt abgebildeten Anwärter bevorzugt, sollte ich hier wohl anstandshalber nicht erwähnen, kicher, aber so ist unsere Frau nun mal, diese Vorliebe lässt sich nicht verleugnen.

Bei der kritischen Begutachtung der Kandidaten brummelt sie meist vor sich hin: „Schlechte Haltung", „zu wenig Bauch", „schiefe Ohren", ab und zu sogar: „zu primitiv". Hat sie aber ihr Schönheitsideal entdeckt, gibt sie einen Betrag ein, den sie zu zahlen gewillt ist – wie unmoralisch. Wenn dann Minuten später ein Jubelschrei erschallt, wissen wir, dass bald ein Neuer eintreffen wird.

Unersättlichkeit – dieses Wort passt genau. Denn kaum hat sie einige Tage mit dem Ankömmling geschmust, ihn geherzt und geküsst, schaut sie sich bereits nach weiteren Angeboten der Agentur um.

Unsere Menschin ist schon ein seltsames Geschöpf, aber mir soll es recht sein, denn „Ih-bäh", wie sie die Partnervermittlung nennt – wir sagen einfach „Pfui Teufel" dazu – hat mir zu einem treuen Kameraden verholfen, mit dem ich heimlich die Bärenmädchen-Fotos im Internet betrachte – ebenfalls vorzugsweise die ohne Bekleidung abgelichteten, kicher.

Liebe Grüße
Euer pubärtärer Gilbert

Oder macht mich ein Schwein berühmt?

Bücher mit Tiergeschichten sind sehr beliebt. Hunde, Katzen und Pferde gehen immer. Über Schweine gibt es, soweit ich weiß, noch keins.

Wenn man einige Jahre mit einem Minipig zusammenlebt, kann man zahlreiche Vorkommnisse zu Papier bringen. Bei der Szenerie, als die Reinemachehilfe schreiend auf einem Stuhl stand, war ich leider nicht anwesend. Die Wutz hat etwas gegen sich nähernde Staubsauger. Da es keine Rückzugsmöglichkeit gab, war der Versuch nur zu logisch, dieses laute Ding beim Eindringen in ihr Zimmer in die Flucht zu schlagen. Und wie verteidigt sich ein Schwein? Indem es den vermeintlichen Angreifer mit der Steckdosenschnauze rammt. Da das Schienbein der Putzfee dabei im Wege war, bekam es den Nasenstüber ab und sie brachte sich auf dem Stuhl in Sicherheit.

Oder der Schreck, als mich morgens keine schwanzwedelnde Wutz freudig begrüßte, ich aber ein jämmerliches Quieken aus einer auf dem Boden liegenden Jeans hörte, in die sie von oben gekrochen war und aus deren sich verengendem Hosenbein sie nicht mehr alleine herauskam.

Im Prinzip könnte ich ein Buch mit Schweinegeschichten füllen, aber wen interessieren die schon? Auf der anderen Seite – man bedenke, dass es in deutschen Haushalten über eintausendfünfhundert Minipigs geben soll. Wenn man diese ansprechen könnte, also ich meine jetzt nicht die Wutzchen selbst, sondern deren Besitzer, wären das 1.500 potenzielle Kunden. Kein schlechter Anfang für ein erfolgreiches Buch. Geht man von weiteren zwei- oder dreitausend Interessenten aus, die sich schon immer ein Schwein als Haustier gewünscht haben und als Vorabinformation die Lektüre kaufen würden, wäre ein Ranking in den Bestsellerlisten schon in greifbare Nähe gerückt.

Aber sind die geschilderten Begebenheiten nicht eher abschreckend? Mit einem reibungslosen Tierarztbesuch können wir auch nicht prahlen; der Mediziner musste Wutzi im Auto begutachten. Der Leser könnte schließen, ein Schwein sei ständig krank. Das stimmt aber nicht, nur musste es sich dort wegen der Meldepflicht (Tierseuchengesetz) einmalig vorstellen.

Die Aufregung kann man nur schwer beschreiben, als Wutzi im zarten Alter von drei Monaten und einem Gewicht von etwa zwei Kilogramm eine heruntergefallene Schmerztablette zielstrebig aufspürte, zerkaute und schluckte. Ein Medikament, das laut Beipackzettel für Jugendliche unter 14 Jahren nicht empfohlen wurde. Hektische Suche nach den Öffnungszeiten sämtlicher Tierärzte der Umgebung, der Tierklinik in Giessen, Telefonate mit befreundeten Humanmedizinern, das ständige Beobachten des Schweinchens, ob es Veränderungen im Verhalten oder seines Gesundheitszustands gab. (Zu keiner Zeit!) Ich schätze, Wutzi hat diesen Tag der uneingeschränkten Aufmerksamkeit genossen. Ich war mit den Nerven fertig. Diese Geschichte ausarbeiten und veröffentlichen? Bloß nicht, sonst bekomme ich noch eine Anzeige wegen Verletzung der Aufsichtspflicht Schutzbefohlener.

An einem Tag war ein Handwerker hektisch durchs Haus gewuselt. Als ich ihn Wochen später auf der Straße traf, fragte er mich: „Sagen Sie mal, war das ein Schwein, was in Ihrer Wohnung herumgelaufen ist?"

Wenn ich mir vorstelle, dass er die ganze Zeit darüber gegrübelt hatte, winziges Schwein, Ratte, neue Plattnasen-Hunderasse, Monstermeersau, kann ich mir ein Lachen nicht verkneifen. Allerdings handelt es sich dabei um reine Situationskomik. Wie soll ich die dem Leser rüberbringen?

Winter 2008/09: Damit das Schweinchen bei geschlossener Schneedecke nicht nur den ganzen Tag faul im Haus in seinem Körbchen lag – Essenszeiten ausgeschlossen – hatte ich eine Jogging-Strecke eingerichtet: Der Gartenweg war gekehrt und trockenen Hufes begehbar. Mehrere Male am Tag rannte ich den Weg hinunter, sie hinterher. Unten gab es für die Wutz ein Stück Äpfelchen oder ein Salatblatt. Dann ging es zurück in den Keller und die nächste Runde wurde eingeläutet. Mein Trainingsprogramm klappte prima.

Allerdings an Tagen, an denen auch nur eine Schneeflocke oder ein winziges Regentröpfchen in der Luft zu erahnen waren, konnte ich mit einem Korb voller Äpfel oder ganzen Salatköpfen unterwegs sein. Sie stand eisern in der Kellertür, bloß keinen Huf außerhalb des Raumes aufsetzen, und spähte um die Ecke. Lustig daran war eigentlich nur ihr Blick und die ganz eindeutig dahinter verborgenen Überlegungen, eine Mischung aus: „Ohne mich!", „Mach du nur, hast es eh nötig." und: „Kommst du endlich und stellst mir mein Essen hin?"

Aber glaubt mir der Leser (oder ein Literaturagent oder Großverlagsmitarbeiter), dass ich die Gedanken eines Schweines kenne? Das ist eben nur nach einem jahrelangen Zusammenleben möglich, klappt bei Ehepartnern doch auch (manchmal).

Vielleicht wäre diese Story etwas für ein Buch:

Bölleralarm

Man hört von Katzen- und Hundebesitzern meist Horrorgeschichten über das verschreckte Verhalten ihrer Lieblinge in der Silvesternacht. Was ist mit einem von Natur aus überängstlichen Tier?

Um das Wutzchen von den bereits vor Mitternacht abgeschossenen Feuerwerkskörpern abzulenken, wird der Fernseher etwas lauter gestellt. Auf den Schoß mag es nicht, das Kraulen des Bäuchleins ist auch nicht angesagt, so laufen wir den Rundkurs Flur, Küche, Esszimmer, Wohnzimmer, Flur – ich mit Salat vorneweg, sie eilig hinterher.

Da bei einer Sau (bei Ebern höchstwahrscheinlich auch) die Liebe vor allem durch den Magen geht, sollte ich die Route wohl besser so beschreiben: Küche, Esszimmer, Wohnzimmer, Flur, Küche, denn ihre große Leidenschaft ist der Kühlschrank, auf den sie immer wieder hinweist, indem sie sich davorstellt.

Wir laufen rechts herum, wir laufen links herum. Es wäre doch gelacht, wenn ich das Tier nicht müde bekäme. Ich verstecke mich hinter einer Tür, es spürt mich auf und bekommt zur Belohnung ein Blatt Salat. Wir laufen rechts herum, wir laufen links herum …

Genau um Viertel vor zwölf, also kurz bevor die wirkliche Knallerei losgeht, beendet die Wutz den Abend. Geräuschvoll vor sich hin grunzend, die typische Lautgebung, wenn ihr etwas nicht passt, marschiert sie in ihr Körbchen, wühlt sich unter die Decke und rührt sich bis acht Uhr morgens nicht mehr.

Was notieren wir im Kalender für den nächsten Jahreswechsel? Solange eine vertraute Person in der Nähe ist, nimmt das Haustier Lärm äußerst gelassen.

Etwas Bissiges

Vampirbücher und -geschichten sind zurzeit in. Vielleicht kann ich noch auf den rasenden Zug aufspringen. Ich muss es einfach versuchen! Immerhin besteht die Möglichkeit, dass der ICE, so wie vergangenes Jahr passiert, mehrere Male außerplanmäßig hält und dann über eine Stunde komplett zum Stillstand kommt. Die Bahn bescherte mir dafür einen 9-Euro-Gutschein, ein Vampirbuchverlag für meine Geschichte vielleicht sogar einen Vertrag?

Mit der Story des Bremer Quartetts hat sie nicht mehr viel gemeinsam, wurde auf die Hauptdarsteller reduziert. Aber es hat unglaublich viel Spaß gemacht, sie zu schreiben.

Tanz der Vampesel

„Ob Sie mir wohl die Ehre erweisen, mich heute Abend zu einer Tanzveranstaltung zu begleiten?", fragte er galant. Die dunklen Augen mit den langen, leicht geschwungenen Wimpern blickten sie erwartungsvoll an. Sie wäre am liebsten im Boden versunken, fand aber auf die Schnelle kein passendes Loch. Verlegen neigte sie den Blick und den Hals und stammelte: „Gerne, sehr gerne."

In seinen Augen blitzte die Vorfreude auf, aber das bekam sie natürlich nicht mit, weil sie den Kopf zu tief unten hielt.

„Das macht mich sehr glücklich. – Ich garantiere Ihnen, verehrtes Fräulein, Sie werden eine unvergessliche Nacht erleben."

Erröten konnte sie als Eselin nicht, deshalb neigte sie zum Zeichen ihrer tiefen Verlegenheit erneut den Kopf. Aua! Sie war mit der Nase auf den Asphalt gestoßen. Rasch vergaß sie ihren Schmerz, als seine melodische Stimme an ihr Eselsohr drang: „Ein Wagen wird Sie abholen."

Diese Aussage war nicht persönlich, eher sachlich. Sie hatte schicklich genug reagiert, beschloss sie, hob hastig Kopf und Blick und starrte den geheimnisvollen Fremden an. Mit offenem Maul betrachtete sie die tiefgründigen, allwissenden und verheißungsvollen Augen, die aufmerksam lauschenden und eng stehenden Ohren, die goldene Verzierung der schwarzen Decke, die ihm leger über den Rücken fiel. Sie bewunderte den eleganten Schwung seiner Nüstern, die tiefgrauen, fast schwarzen Lippen, die sich gerade zu bewegen begannen: „Sie werden auch bestimmt kommen?"

Dem Flehen in seinem Tonfall konnte niemand widerstehen, schon gar nicht ein Eselteenie. Offen, fast trotzig, begegnete sie seinem Blick und bestätigte: „Ia."

„Ich freue mich, meine Schöne", erwiderte er übermütig, wobei er begehrlich ihren Hals taxierte.

Sie wollte gerade eine ebenso geistreiche Bemerkung machen, als der erste Sonnenstrahl über den Horizont spähte und sie blendete. Sie glaubte, einen leicht modrigen Lufthauch wahrzunehmen. Als sie endlich die Ohren als Sonnenschutz heruntergeklappt hatte, musste sie feststellen, dass ihr Verehrer verschwunden war. Ihre Brust hob und senkte sich, sie seufzte mehrmals tief. Sie verging bereits jetzt vor Sehnsucht. Wie sollte sie die lange Zeit bis zum Wiedersehen überstehen?

Vielleicht mit einer Shopping-Tour in der Stadt. Sie brauchte dringend eine neue Schleife. Und eine Schleppe. In welcher Farbe? Rot! Daran bestand kein Zweifel. Sie wusste instinktiv: Ihre Garderobe musste rot sein. Schleife, Schleppe, ein ästhetisches Ohrpiercing, Zahnreinigung, Hufpolitur, Fellpflege, Massage, Gurkenmaske, Augen-Make-up. Sie war sich jetzt sicher, wie sie den Tag verbringen würde.

Nachdem alle Vorhaben zu ihrer Zufriedenheit erledigt waren, kehrte sie in den Stall zurück, den sie derzeit nur mit einigen Küken, Glucken und Kälbchen teilte. Ihre Eltern waren während der Saison in einem Freizeitpark beschäftigt, kamen erst am 1. November, also morgen, zurück. Es war zwar keine schwere Arbeit – austreten, bocken, laut schreien, wenn sich Besucher nähern, beißen, stur stehen bleiben, wenn ein Wägelchen mit Kindern zu ziehen ist, das volle Eselsprogramm eben –, aber so wollte sie nicht enden. Sie war zu Höherem geboren. Ihre Mutter hätte ihr mit Sicherheit den nächtlichen Ausflug mit einem rätselhaften Unbekannten verboten. Aber die war ja nicht da!

Als sie einen erwartungsvollen Blick aus der Stalltür warf, merkte die junge Eselin mit Entsetzen, dass der attraktive Fremde keine Uhrzeit genannt hatte. Vor Aufregung spürte sie eine Ader am Hals pochen. Würde er kommen? Sie hatte versäumt, ihm ihre Handynummer zu geben. Wenn ihm nun etwas dazwischengekommen war?

Trotz ihrer unbändigen Sehnsucht fielen ihr bei Einbruch der Nacht die Augen zu.

Ein tiefes, sich näherndes Brummen weckte sie. Die Kirchturmuhr schlug gerade elf, als ein schwarzer Tiertransporter um die Ecke bog und vor dem Stall hielt. Sie spürte ihren beschleunigten Herzschlag. Ihr Adonis hatte Wort gehalten.

Ein alter Hund sprang aus dem Führerhaus und öffnete die Klappe an der Rückfront. Als sie sich zögernd näherte, schob er eine rote Matte über die kleine Stufe, lud sie dann mit einer höflichen Geste ein, das Fahrzeug zu betreten. Sie lächelte ihm freundlich zu, tänzelte ins Innere und inspizierte die Leckereien in der Futterkrippe. Ihr Kavalier hatte einen guten Riecher dafür, wie man Gäste zu bewirten hatte.

Die Fahrt dauerte länger als erwartet. Allmählich machte sich ein flaues Gefühl in ihrem Magen breit, das aber nicht von den verspeisten Äpfeln kam. Hatte ihre Mutter sie nicht immer vor Fremden gewarnt, die Esel entführten und zum Schlachthof brachten? Es gab auf der Welt genug Barbaren, die mit Vorliebe Eselswurst aßen. Was war sie für ein dummer Esel! Auf schöne Augen und nette Worte reingefallen. Eine Träne ruinierte ihr perfektes Make-up …

Abrupt hielt der Wagen, die Ladeklappe öffnete sich. Trotz der schwachen Beleuchtung konnte sie die u-förmig angeordneten herrschaftlichen Gebäude eines ehemaligen Gestüts erkennen, dazwischen einen gut gepflegten Misthaufen. Der Hund geleitete sie zu einem monumentalen Tor. Wie von Geisterhand gingen die Flügel leise quietschend auf. Im Eingangsbereich empfing sie eine Katze mit einem ausgeprägten, ihrer Rasse sowieso nachgesagten Buckel. Sie verbeugte sich leicht und miaute: „Folgen Sie mir bitte."

Total überwältigt von der Pracht dieses Wohnsitzes, stolperte die Eselin verwirrt hinter ihr her. Durch eine weitere Tür erreichten sie einen mit Kerzen beleuchteten Raum, in dem einige Separees abgetrennt waren. Die Katze trat durch die Schwingtür einer Box, deutete auf den großen Spiegel, vor dem auf einem verschnörkelten Eichenschränkchen einige Kosmetikartikel lagen, und miaute: „Machen Sie bitte nach Belieben Gebrauch von unseren Annehmlichkeiten. Wir feiern heute in der ehemaligen Reithalle. Es sind noch nicht alle Gäste eingetroffen. Ich werde Sie holen, wenn es soweit ist. Seine Grafschaft lässt sich entschuldigen, er legt sich noch die Balldecke über."

Ein Graf! Sie hatte an seiner Ausstrahlung gespürt, dass er kein landläufiger Esel war. Verträumt strich sie sich mit der weichen Bürste durch das Fell, kontrollierte den Sitz ihrer roten Accessoires, als sie das Piepen eines Weckers aus der Nebenbox hörte. Es folgte ein Stöhnen, ein Murmeln: „Bescheuerte Zeit", dann ein hektisches Flattern, das sich schnell fortbewegte. In der Ferne quietschte die Tür. Neugierig schaute sie aus dem Fenster. Mitten auf dem Misthaufen stand ein Hahn und krähte.

Beim zwölften Kikeriki erschien die Katze und begleitete die vor Aufregung bebende Eselin zum Ballsaal. Als sich die Tür öffnete, erstarrte sie. So ein farbenfrohes Bild hatte sich ihr noch nie geboten. Trotz der übertrieben dezenten Beleuchtung sah sie die Paare im Einklang mit der Musik an sich vorbeischweben. Die Esel trugen prächtige Decken, die Eselinnen bunte Schleifen oder Blumen an den Ohren. Alle hatten sie blütenweiße Lätzchen umgebunden. Dieser Modetrend war ihr bisher entgangen.

Als auf der Stiege zum Heulager die mysteriöse Gestalt des Grafen erschien, setzte ihr Herz einige Schläge aus.

Wie es weitergeht, das weiß ja wohl jeder. Das viele Blut! Da ich gerne ein jugendfreies Buch veröffentlichen möchte, belassen wir es dabei.

Mitgefühl

Bei Auszügen aus meinen Reiseberichten stellt sich mir immer die bange Frage, ob der Leser (und vor allem Agenten und Mitarbeiter von Großverlagen) diese nicht langweilig finden könnten. Ich war dabei, habe alles genau so erlebt, die Wärme der Sonne gespürt, den Wind, die Gerüche in der Nase, die Laute im Ohr, Hintergrundgeräusche vom Meer, von Menschen, von Fahrzeugen, das Tuten eines Schiffes, usw. Wenn ich die Passagen lese, ist dieses Drumherum wieder da. Wohl eher unterbewusst, aber es versetzt mich in die Atmosphäre genau dieses einen Tages. Der Leser aber sitzt vielleicht am Kamin, hat trotzdem unangenehm kalte Füße. Bei ihm duftet es nach Tee mit Rum, Zimt und Lebkuchen. Kann er dann überhaupt mit mir durch ein hochsommerliches San Francisco laufen, sich in diese Stimmung hineinversetzen?

Bitte jetzt die Heizung hochdrehen und alle Lichtquellen einschalten.

Nationalfeiertag

Warum ich bei dem einwöchigen Aufenthalt ausgerechnet am 4. Juli in den Zoo gehen musste? Purer Zufall.

Vor dem Eingang zur U-Bahn informiere ich mich auf dem Plan, finde eine Linie direkt zum Zoo, der weit außerhalb liegt. Ich tauche ab in den Untergrund. Endziel Taraval, habe ich mir gemerkt, aber das erscheint auf den Anzeigen beider Bahnsteige. Eine junge Frau offenbart mir den richtigen. Ich verstehe: Dies ist die Station Powell; auf der einen Seite ist dem Namensschild „inwärts", auf der anderen „auswärts" angefügt.

Die Bahn fährt einige Haltestellen unter der Erde, wird dann zur

Straßenbahn und hält, wenn ein Passagier winkt, wirklich an jeder Straßenkreuzung. Selbst hier findet man noch das typisch hügelige Landschaftsbild, es geht auf und ab, wenn auch nicht ganz so steil wie in der Innenstadt.

Endstation! Ich hatte mir auf dem Plan angesehen, wie man laufen muss, aber das erübrigt sich. Wären die Massen Menschen und Kinder, denen ich mich spontan anschließe, zu einem anderen Event auf dem Weg gewesen, hätte ich Pech gehabt. Aber sie wandern tatsächlich alle zum Zoo, und es ist doch gerade erst Viertel nach zehn. Die Erklärung für diesen Großandrang finde ich auf einer Ankündigung an der Eingangskasse: Heute, anlässlich des 4. Julis, freier Eintritt.

Ich schlendere zunächst durch die Family Farm, muss ja mal schauen, was für Schweine dort ausgestellt sind. Es sollen Minipigs sein, aber sie sind im Vergleich zu unserer Wutz doch recht groß geraten. Bei den Erdmännchen halte ich mich lange auf. Die sind überall auf der Welt einfach nur putzig. Pferche mit Pferden, Ziegen, Schafen, Ponys, die üblichen Streichelzoo-Einrichtungen.

Zwischen den Spielplätzen finde ich einige Verkaufsstände und kann endlich ein Frühstück zu mir nehmen – immer mit einem wachsamen Blick auf die in Scharen auf den Dächern sitzenden Möwen. Mir ist das Vorkommnis, das ich am Vortag zu Protokoll gegeben habe, nur noch zu gut in Erinnerung:

Tatort: Pier 39

Tatvorwurf: schwerer Raub

Zeugenaussage Christel H.: Eine chinesische Großfamilie bummelte über die Holzplanken. Die Oma hatte eine dieser großen Eiswaffeltüten in der Hand, die außen mit Schokolade überzogen sind, und schaufelte mit einem Plastiklöffelchen das Eis zum Munde. Eine Möwe näherte sich von schräg oben. (Begründete Annahme der Zeugin: von einem Dach herunter)

Zeugin weiter: Ich habe alles genau gesehen, war nur wenige Meter dahinter. Die Möwe flog in kürzester Entfernung über die Frau. Es sah so aus, als wollte sie auf ihrer Schulter niedergehen. Dann hat sie (die Möwe) sich kurz auf das Geländer gesetzt, ist wieder aufgeflogen und ich befürchtete, sie würde auf dem Kopf der Frau landen. Aber dieses Mal hatte sie (wieder die Möwe) besser kalkuliert und gezielt. Mit einem geschickten Manöver flog sie (immer noch die Möwe) knapp über die Schulter der Frau, biss ab – nein, bei Vögeln heißt das wohl: pickte ab – und flog mit einem großen Stück der Waffeltüte im Schnabel in Richtung Alcatraz davon.

(Nur unter Lach- und Prustanfällen konnte die Zeugin weiterreden. Zu verstehen waren lediglich die Worte: Raub, Strafe, Alcatraz, Gefängnis. Als sich die Zeugin endlich beruhigt hatte, gab sie noch eine ergänzende Erklärung ab, die für den Sachverhalt aber unerheblich ist: Sie (diesmal die Oma) löffelte eifrig weiter. Ich persönlich hätte das nicht getan.)

Weiter geht es, an den Kängurus vorbei, durch das Gebäude des südamerikanischen Tropenwaldes, in dem sich einige Krokodile tummeln, in Richtung ... na, wohin schon? Natürlich zu den Bären! Von den drei Eisbären, die es im Zoo geben soll, sehe ich nur einen. Es wäre auch verwunderlich, wenn diese bei fast vierzig Grad Celsius in der Sonne schmoren würden.

Dann folgt, laut meinem Lageplan in der Zooinformation von 2006/07, das Grizzlybärengehege. Zwei Exemplare sollen darin beherbergt sein. Eins liegt ganz hinten und schläft, das andere ist nicht zu sehen. Schade! Es ist eine der üblichen Betonanlagen mit einem winzigen Wasserbecken in der Mitte, der Graben ohne Wasser. Eigentlich eine Quälerei für Braunbären.

Eine ältere Dame mit einem Anstecker „Grizzly Gulch" (Schlucht – ein eigenartiges Wort für diese Betonwüste) verteilt Prospekte über Tierpatenschaften und erteilt Auskunft über die Bären. Ich lausche, was sie einigen Jugendlichen erzählt: Die beiden Grizzlys sind vier Jahre alte Schwestern, Kachina und Kiona. Sie stammen aus Montana, wurden dort als Waisen gefunden. Ranger kümmerten sich um sie, bevor sie in die Wildnis entlassen wurden. Da sie aber Menschen mit Futterquellen in Verbindung brachten und in die Behausungen von Anwohnern einfielen, wurden sie zu sogenannten Problembären. Nach einigen vergeblichen Versuchen, sie umzusiedeln oder für die Bären eine neue Heimat zu finden, sollten sie eingeschläfert werden. Daraufhin hat sich der Zoo von San Francisco entschlossen, sie bei sich aufzunehmen. Die Bären sind zwar Menschen gewöhnt, aber absolut nicht zahm, berichtet sie.

Eine schöne Geste des Zoos, aber ob die Tiere sich in dem von den Eisbären abgezwackten Gehege wirklich wohlfühlen?

Ich schaue auf meinem Plan, wohin mein Weg mich weiter führen wird. Komisch, da ist eine Freifläche eingezeichnet, hier aber ein wunderschönes Gelände mit Drahtumzäunung und riesigen Glasscheiben. Über 4000 Quadratmeter ist es groß, wie ich später nachgelesen habe. Bäume, Sträucher, Grasflächen, zu einem Hügel aufgeschichtete Felsbrocken, Steine, ein Wasserfall, ein Teich.

Eine Tafel mit einer Tierankündigung gibt es nicht. Eine junge Frau in Zoobekleidung läuft herum, wirft Äpfel in die Gegend und die große Wasserfläche, platziert zwei blau-weiß-rot gestreifte Eisbomben in der Nähe der Scheibe und verschwindet.

Ich gehe zurück. Die beiden Grizzlys sind unruhig, laufen hin und her, schnüffeln in Richtung des Geländes, das ich gerade inspiziert habe. Mein erster Gedanke: Sie warten auf ihre Pflegerin, werden nun sicher gleich gefüttert – und das hoffentlich nicht im Hintergrund. Der zweite Gedanke: Das schöne Gelände wird doch wohl nicht ... Ich stelle mich vorsorglich an der ersten Glasscheibe auf, den Foto „schussbereit". Und schon kommen sie getrabt, leider so schnell, dass das Bild doch verwackelt ist.

Da sich eine der Schwestern sofort über die Eisbombe hermacht, die andere im Wasser sitzt und nach den Äpfeln angelt, muss ich natürlich sofort zur zweiten Glasscheibe direkt vor dieser Szenerie. Leichter gesagt als getan, heißt es doch so schön. Ich bin nicht alleine. Das Gelände war im Führer vom Vorjahr noch nicht abgebildet und, wie ich später zu Hause feststellen konnte, auf der Homepage des Zoos als neueste Errungenschaft angekündigt. Im Nachhinein kann ich mir den Andrang also gut erklären. Freier Eintritt und dann noch ein neu eröffnetes Bärengehege …

An der Scheibe steht man mindestens achtreihig. Ich bin zwar groß, kann die Bären sehr gut bei ihren Aktivitäten beobachten, aber Fotos möchte ich doch von weiter vorne machen. Mit viel Geduld arbeite ich mich vor. Immer, wenn Leute die Scheibe verlassen, leicht nachdrängeln. Und so stehe ich dann irgendwann tatsächlich auf dem Logeplatz. Die Scheiben sind recht schmutzig, aber auf den Bildern sieht man das kaum.

Die Schwestern beschäftigen sich die ganze Zeit über mit den Äpfeln und ihren Nationalfeiertag-Eisbomben, lecken und knabbern daran, springen darauf herum, zerlegen sie systematisch.
Nach über zwei Stunden der Beobachtung kommen bei mir Gelüste auf: Jetzt eine Zigarette! (Das Rauchen ist selbstverständlich im Zoo verboten.) Und dazu die Befriedigung meiner zweiten Sucht: Cappuccino!
„Tag der offenen Tür" – einen großen Vorteil hat er für mich nun doch. Mit meinem Becher kann ich mich auf der niedrigen Mauer vor dem Zooeingang niederlassen und genüsslich eine Zigarette durchziehen, bin dort mit meinem Gedankengang auch nicht alleine.

Gestärkt geht es zurück in den Zoo. Ich schaue nach den Pinguinen. Deren Fütterung erspare ich mir, kann mir den Menschenandrang gut vorstellen. Es folgen die Löwen und Tiger, die alle schlafen, die Affenanlagen und zum Schluß die Afrika-Savanne, ein über 12.000 Quadratmeter großes Freigelände mit Marabus, Oryx-Antilopen, Straußen, Dik-Diks, Ibisen, Duiker, Giraffen, Zebras und Kudus. Paradiesisch schön!

Um die nötige Stimmung für den weiteren Text zu erzeugen, bitte jetzt die Thermostate runterdrehen, die Lichtquellen dimmen und einen Algen-Badezusatz oder eine Dose Fisch öffnen.

Bevor ich zur Bay rausfahre, muss ich mir im Hotel noch eine Jacke holen. An den Vorabenden war es recht kühl. Die Bedienung im Zoo-café, die im Coffee-Shop, die Kassiererin im Souvenirladen, die Tages-ausflugsvermittlerin im Hotel, der Türsteher, alle hatten mir bei der Verabschiedung „Viel Spaß beim Feuerwerk!" gewünscht. Ab der Zweitgenannten habe ich mir einen Spaß daraus gemacht zu fragen, wann es stattfinden würde. Das konnte mir niemand genau sagen. Ich gehe von zehn Uhr am Abend aus, ziehe aber bereits um fünf los, da ich ja sowieso jeden Abend an der Bay verbrachte. Es ist so traumhaft dort!

Meine geliebte Street-car ist nicht so voll wie befürchtet. Sie fährt heu-te allerdings nur bis zum Fährterminal, d.h. dem großen Gebäude noch vor Pier 1. Die Straße parallel zum Hafen ist für die Straßenbahn und für Autos gesperrt – Sicherheitsvorkehrungen. Busse stehen bereit, die die Besucher zur Pier 34/35 bringen. Dort gibt es eine große Plattform, von der man das Feuerwerk zweifellos gut sehen wird, aber dafür ist es noch etwas früh. Vorbei an mindestens fünfzig am Rande des Platzes auf-gestellten mobilen Toiletten, vor denen die Leute schon eifrig Schlan-gen bilden, geht es weiter zur Pier 39.

Es ist zwar noch vor sechs, aber die Holztreppenstufen vorne an der Bay und die Betonflächen zum Hafen bereits mit Menschen übersät. Oha! Ein guter Stehplatz ist noch drin, aber da ich auf einem Plakat inzwischen gelesen habe, dass das große Ereignis um 21.30 Uhr statt-finden wird, habe ich absolut keine Lust, die verbleibenden Stunden nur dort zu verbringen. Ein Mittagessen fehlt mir auch noch. Ich wähle an einem Kiosk einen labberigen Hot Dog mit viel kleingematschter Gurke und Ketchup. Ein Getränk verkneife ich mir, bin gerade an der circa fünfzig Meter langen Schlange der Toilettenanlage hier an der Pier vorbeigekommen; das muss man sich nicht antun. Als Nachtisch werden zwölf heiße Minidonuts mit Puderzucker verdrückt, lecker.

An der Bay ist es zwar immer windig, aber heute Abend ausgesprochen kalt, selbst mit der Jacke. So schlendere ich durch die Geschäfte, in denen sich die Mittagshitze gestaut hat. Zwanzig Minuten vor Termin finde ich ein schönes Plätzchen am Yachthafen. Dort ist es nicht so überfüllt, was mich eigentlich hätte stutzig machen müssen. Es ist von dieser Stelle aus auch wenig vom Feuerwerk zu sehen, so dass ich beim ersten Knall in das Obergeschoss haste, um vor einem Restaurant stehend das blau-rot-silberne Spektakel zu bewundern. Die Stimmung ist gigantisch. Einige Familien stimmen ein „Happy Birthday America" an, die asiatischen Mädchen, die immer in größeren Gruppen auftreten, kreischen, klatschen und lachen bei jeder Rakete. Die Smiley-Darstellungen am Himmel (hatte ich vorher noch nie gesehen) lösen Begeisterungsstürme aus. Genau wie die immer wiederkehrenden, in den Nationalfarben gehaltenen Funkenregen. Sehr beeindruckend! Zwanzig Minuten dauert die Show.

Eine Schätzung ist unmöglich, aber ich denke, an diesem Abend waren 25 bis 30.000 Menschen am Hafen unterwegs. Mit dieser Zahl im Hinterkopf mache ich mich sofort nach Beendigung des Feuerwerks auf den Weg zu dem Platz, an dem am frühen Abend die Busse gehalten hatten. Genau richtig, dort stehen sie. Es fahren zwar immer fünf Busse gleichzeitig vor, aber einen zu erklimmen, ist nicht so einfach.

Es gibt bei den San Francisco-Bussen einen eigenartigen Mechanismus an der Hintertür. Sie geht auf, wenn man von innen gegen die Türstange drückt, der Fahrer kann diese nur freigeben, aber nicht per Knopfdruck öffnen. Durch die vordere Tür muss man normalerweise einsteigen, dabei werden die Fahrscheine kontrolliert; heute aber nicht, der Transfer ist gratis. Die Horde stürzt sich zunächst auf die Fahrertür, ein wildes Gedrängel mit heftiger Schubserei. Wenn jemand clever ist, öffnet er die Hintertür von innen, durch die man dann auch einströmen kann. Aber das ist nicht immer so, jedenfalls nicht in den Fällen, in denen ich mich vor der Hintertür platziere. Die erfolgreichen Einsteiger grinsen nur frech und lassen uns stehen.

Ein weiteres Problem: das Sicherheitspersonal, sprich: die Polizei. Wenn der erste Bus geladen hat (anders kann man die Zustände wirklich nicht beschreiben, es hat schon etwas von Viehtransporten), muss er abfahren, die dahinterstehenden vier natürlich mit, wobei diese manchmal noch nicht einmal zur Hälfte gefüllt sind. Anfangs wussten die Fahrer nicht, wie sie sich zu verhalten hatten. Es fuhren fünf Busse vor, der erste hat Passagiere aufgenommen, die folgenden meinten wohl, sie müssten dann auch erst noch weiter nach vorne fahren, haben jedenfalls die Türen nicht geöffnet. Als sich der erste, der volle Bus in Bewegung gesetzt hat, meinte die Polizistin, eine sehr resolute Dame mit überlauter Stimme und einer riesigen Stablampe, mit der gewunken, geblendet und gedeutet wurde, der Konvoi müsse nun das Feld räumen. Und so fuhren, von ihr wild angeleitet, angeleuchtet und angeschrien, vier leere Busse hinterher.

Ich denke mir jedes Mal, in die nächste Fuhre kommst du bestimmt rein, die Leute werden ja weniger. Aber die Massen strömen ständig nach, ich bin ja bei den Ersten gewesen, die den Schauplatz verlassen hatten.

Eine Weile treibe ich dieses Spielchen, dann habe ich das Glück, dass sich die Fahrertür eines Busses direkt vor mir öffnet, ich bekomme sogar noch einen Sitzplatz. So weit, so gut. Viel mehr als einen Kilometer geht die Fahrt nicht, aber das wird mir erst jetzt bewusst. Wäre ich doch lieber gleich gelaufen. Aber nun sitze ich gut – mit rosa Zuckerwatte im Nacken und einem Rucksack vor der Nase.

Vor dem Umstieg in die Street-car ist mir etwas bange; fünf Busladungen in diese schnuckelige Straßenbahn, aber es gibt direkt an der Haltestelle auch eine Bahnstation. In deren Zugang ist der Großteil der Massen auch tatsächlich verschwunden. Die Drängelei gestaltet sich lange nicht so heftig wie befürchtet. Ich kann einen umfallsicherer Heringsplatz im ersten sich nähernden Fahrzeug ergattern.

Wäre ich die Strecke gelaufen, hätte ich dafür etwa eine Stunde gebraucht. Mit den öffentlichen Verkehrsmitteln waren es ziemlich genau zwei. Ok, ich gebe es zu, ich hätte locker fünf Minuten früher im Hotel ankommen können, aber ich musste mir ja unterwegs noch einen leckeren Cappuccino besorgen.

In der Imbissstube

„Entschuldige bitte mein Zu-Spät-Kommen", sagte der Panter, als er behände wie ein Balletttänzer auf den Barhocker vor der blank geputzten Theke sprang, wobei er eine Duftwolke seiner Aftershavelotion verströmte. „Ich kann mit meinem Katarr zurzeit nicht Rad fahren, zu einem Schnelllauf war ich zu faul, ein Bus war weit und breit nicht zu sehen. Und das am helllichten Tag! Mit einem Quäntchen Glück habe ich am Goethe-Haus ein Taxi erwischt, aber das fuhr auch nur Schritttempo."

„Nimm dich in Acht! Du kannst mich nicht immer bezirzen. Du bist dir doch sicher im Klaren darüber, dass solche belämmerten Ausreden irgendwann einen Schlussstrich unter unsere Freundschaft ziehen können. Du bringst einfach nichts zu Stande, bist überall für deine Rohheit bekannt", sagte der Seeelefant vorwurfsvoll.

„Und du für deine Genusssucht", konterte der Panter. Als allein Erziehender hatte er nicht alle Zeit der Welt, es gab häufig genug Stresssituationen. Versöhnlich fuhr er fort: „Hast du schon gewählt?"

„Ich habe heute Morgen nur einen Jogurt gegessen. Ich denke, ich nehme die Schrimps mit Anschovis, Majonäse und ein bisschen Ketschup", antwortete der Seeelefant.

„Du immer mit deinem Fast Food", merkte der Panter mit seiner rauen Bassstimme an. Er zückte das Portmonee und überschlug seine Barschaft. Er hatte diesen Monat gut Haus gehalten. Erleichtert sagte er: „Fisch ist nicht übel. Vielleicht Delfinschnitzel mit weich gekochter Brennnessel und klein geschnittenem Brokkoli?"

Der Seeelefant wusste es besser: „Was für ein Gräuel! Delfin kommt nicht infrage, wegen seiner Zähheit. Er besteht im Wesentlichen aus Knorpel und schmeckt ansonsten nach Pappmaschee. Wie oft soll ich dir das noch einbläuen? Es ist zum Irrewerden mit dir."

„Dann halb garen Tunfisch in selbst gemachter, kremiger Karamellsoße mit Schikoree. Hoffentlich lassen sie den ganzen Zierrat weg, ich meine die Salatgarnitur. – Kommt deine Kusine, das Känguru, auch?"

„Ja, aber später. Nachdem sie die Prüfung mit Bravur bestanden hat, war sie als Erholung Suchende eine Woche mit ihrem Klub zum Schilaufen und ist erst gestern Abend nachhause gekommen. Weil sie einen Hexenschuss hatte, sich kaum gerade halten konnte, wollte sie heute Früh einige Runden Brust schwimmen und dann noch in der schicken Butike nach den Glück bringenden, echtsilbernen Ringen schauen. – Hoffentlich bringt sie mir die versprochene Bonbonniere von Österreich mit. Diese herbsüßen Nugatpralinen gibt es hier zu Lande nicht."

„Magst du einen Wein trinken?", fragte der Panter.

„Ja, den viel gepriesenen Bauchgrapscher, der hat gleich bleibende Qualität und ein gutes Bukett. – Die Gerichte auf der Bestellliste sind nummeriert. Muss ich mir die Kennnummer merken?"

„Nein. Sag dem Kellner einfach, wie viele Schrimps du möchtest. Nimm bloß nicht zu wenig! Ich kenne doch deine Essstörungen, du alter Fresssack."

„Boah, bist du wieder scharmant", entrüstete sich der Seeelefant.

Ein völlig sinnfreier Dialog. Aber es schadet nichts, den Lesern und vor allem den Agenten und Großverlagen zu zeigen, dass ich mich mit der neuen Rechtschreibung beschäftigt habe. Auch angehende Bestsellerautoren müssen sich leider um solchen Kleinkram kümmern. Vor allem dann, wenn sie mit ihren Buchveröffentlichungen noch nicht so viel verdient haben, sich einen Korrektor oder Lektor leisten zu können.

Ich gebe zu, für einige Wörter gibt es auch andere Schreibweisen. Aber es ist alles korrekt, zumindest nach dem Duden, 24. Auflage. Ich liebe die Dreifachbuchstaben, sie sehen so dekorativ aus.

Flussschifffahrt, Hawaiiinsel, Dämmmatte, Stillleben, Teeei – wie schööön!

Ausflug in die Lyrik

Wie die Jungfrau zum Kind kam ich zu einer Dichtergruppe. Ein Opfer wurde gesucht, das an einem bestimmten Nachmittag Zeit und den Schlüssel zu den Räumlichkeiten hatte, in denen die erste Zusammenkunft stattfinden sollte. Da ich schon einmal ein Buch geschrieben habe, bot es sich – zumindest aus der Sicht von Außenstehenden – ja geradezu an, mich als Auserwählte zu benennen. Nach zwei Stunden nochmals zum Treffpunkt laufen, um wieder abzuschließen, dazu war ich zu bequem, beschloss also, mir die Sache einmal anzuschauen. Um nicht mit leeren Händen zu erscheinen, verfasste ich ein paar Zeilen, habe sie auch vorgetragen:

Ein Gedicht

Ein Gedicht. – Was ist das eigentlich?
In der Schule gepennt, ich schäm' mich fürchterlich.
Am Ende der Zeilen steht ein Reim.
Mmmh, muss das denn wirklich so sein?

Ich kenne es aus dem Gästebuch,
für jeden Besucher das rote Tuch.
Man grübelt, ein Einfall kommt selten,
man möchte ja als intellektuell gelten.

Und dann das Versmaß, oh Graus,
meist kommt man mit den Silben nicht aus.
Ein Buch voller Wörter mit gleicher Endung
liefert für jede Gelegenheit eine Redewendung.

Aber entsteht es nicht aus einer Laune heraus?
Das muss so sein, sonst wird nichts draus.
Einen Gedanken in Worte zu zwängen,
kann doch die beste Stimmung verdrängen.

Ein Gedicht. – Was ist das eigentlich?
Es wird gereimt, ganz fürchterlich!
Ich hab's probiert, wollte es versuchen
und bitte, den Text wohlwollend zu verbuchen.

Den Blick der Kursleiterin werde ich in meinem ganzen Leben nicht vergessen. Eine Mischung aus Verachtung und Ekel. Aber das hat mich nicht davon abgehalten, mich ein Jahr später an einer Aktion zu beteiligen. Obwohl gerade das Gedicht „Meine Stadt" in der Schulzeit zu meinem gespannten Verhältnis zur Lyrik beigetragen hat, war es ein Aufruf durch die Medien in meiner Stadt, mit ihm zu brechen. Ein Gedicht sollte an einen bestimmten Verlag gesandt werden, der – würden 200 Beiträge zusammenkommen – ein kostenloses Buch damit herausgeben würde. Selbstverständlich nicht ohne Kosten für die Käufer, aber für die Autoren. Ich habe im Familienkreis behauptet, dass doch wirklich jeder Einwohner, der des Schreibens mächtig ist (es müssten über 25.000 sein), etwas beisteuern könne. Ohne mich um irgendwelche Theorie zu kümmern, Versmaß, Reim, Regeln, entstand „Manchmal".

Wenn ich das Antwortschreiben des Verlages richtig interpretiere, gab es wohl nur eine Handvoll Einsendungen. Mein Versuch wurde in einem Sammelband abgedruckt. Nachdem ich mir ein Exemplar bestellt und die darin enthaltenen Ergüsse gelesen habe, bin ich mir nicht sicher, ob ich qualitativ wirklich stolz auf meine Worte sein kann. Ich denke eher, der Verlag berücksichtigte alle Einsendungen. Egal! Immerhin ein Buch mehr auf meinem Ego-Regal.

Manchmal

Manchmal geht es mir schlecht,
dann suche ich ein Schneckenhaus,
das groß genug ist,
sich darin zu verkriechen.

Manchmal mag ich mich selbst nicht,
dann führe ich mir alle Vorsätze vor Augen
und erkenne mit Stolz,
dass ich gar nicht so weit davon entfernt bin.

Manchmal fühle ich mich sauwohl,
dann stelle ich überall Spiegel auf,
um diesen Zustand
möglichst weit zu reflektieren.

Manchmal kann mich die Welt nicht leiden,
dann greife ich zur Wimperntusche,
schminke mich und spaziere
mit erhobenem Haupt durch die Straßen.

Manchmal ist mir alles zu viel,
dann beobachte ich die Ameisen, die emsig
ein Sandkorn nach dem anderen
aus ihrer Behausung tragen.

Manchmal bin ich zu gutmütig,
dann ziehe ich die schwarze Jacke an und hoffe,
dass mich niemand sieht,
der um einen Gefallen bitten könnte.

Manchmal lebe ich so vor mich hin,
dann betrachte ich geliebte Dinge
und komme zu dem Schluss:
Das Leben ist schön – manchmal.

Der folgende Versuch von 2006 dümpelt noch irgendwo in den Weiten des World Wide Web herum:

Hoffnung

Einen Moment gehofft,
ernüchtert.
Eine Freude geplant,
misslungen.
Einen Lichtstreif erhascht,
erloschen.
Kurze Zeit geträumt,
zerronnen.
Das Eis fast überschritten,
eingebrochen.
Den Gipfel erklommen,
abgestürzt.
Den tiefsten Punkt erreicht,
Hoffnung.

Poesiefans und -kritikern werden jetzt die Haare zu Berge stehen. Ich verspreche hoch und heilig: Das Thema Lyrik habe ich für mindestens die nächsten zwanzig Jahre auf Eis gelegt. Es besteht absolut kein Ehrgeiz meinerseits, in diesem Genre berühmt zu werden.

Eine Prise Erotik gefällig?

Eine Aufforderung, erotische Geschichten einzureichen, brachte mich zum Schmunzeln. Sie gehören nicht zu meiner Standardlektüre. Aber warum sich eigentlich nicht auch einmal auf diesem Gebiet versuchen? Vielseitigkeit hat noch niemand geschadet.

Zum Nachtisch Liebe

Ihre krampfhaft gespielte Ruhe schmolz allmählich dahin. Verstohlene Seitenblicke bestätigten ihr, dass er Zentimeter um Zentimeter näher rückte. Auf den Lesestoff konnte sie sich nicht mehr konzentrieren. Demonstrativ gelassen faltete sie die Zeitung zusammen und schob sie auf dem Beistelltisch neben den Sektkühler. Angespannt lehnte sie sich in die Polster zurück, umschloss mit der leicht zitternden Hand fest das nackte Knie und versuchte, ihre innere Erregung durch Gleichgültigkeit zu verbergen. Regungslos verharrte sie, beobachtete ihn aber heimlich aus den Augenwinkeln.

Ihre Geduld wurde belohnt: Erneut schob er sich ein Stück näher. Eine zarte Berührung am Oberschenkel brachte ihren Atem zum Stocken. Unauffällig hob sie ihren Arm und legte ihn über die Lehne des Sofas. Sein Blick folgte ihrer langsamen Bewegung. Er rührte sich zwar nicht von der Stelle, ließ sie aber auch nicht aus den Augen. Sie wusste, das in diesem Moment noch ernste Spiel würde die Grundlage für ihre angehende Beziehung bilden. Sie durfte ihn keinesfalls bedrängen. Er musste die Initiative ergreifen.

Minuten vergingen, dann zahlte sich ihre Zurückhaltung endlich aus. Mit einer heftigen Bewegung seines ganzen Körpers schnellte er vor und vergrub den Kopf in ihrem Schoß. Sie merkte, dass ihr Herz schneller schlug, ihr Tränen in die Augen stiegen. Nur langsam entspannte sich ihr bebender Körper wieder. Als sie laut seufzte, hob er das Kinn und schaute zu ihr auf. Sie lächelte ihn an, spitzte die Lippen und hauchte einen Kuss in die Luft. Hastig bäumte er sich auf, versuchte, ihren Mund zu berühren, doch sie wehrte ihn behutsam, aber bestimmt ab. Seinen Kopf zwischen die Hände nehmend, flüsterte sie ihm beruhigend ins Ohr: „Nein, mein Schatz, das nicht. Noch nicht. Wir kennen uns doch erst ein paar Stunden."

Er hatte verstanden, legte sich besänftigt wieder auf ihre Beine und machte keine weiteren Annäherungsversuche.

Sie hätte sich ohrfeigen können. Warum nur hatte sie ihn derart abgewiesen, ihn nicht einfach gewähren lassen. Ein Kloß schien sich in ihrem Hals gebildet zu haben. Wie gerne hätte sie sich geräuspert, wollte ihn aber nicht aufschrecken. Oder vielleicht doch? Sie sehnte sich danach, er würde ein bisschen weitergehen …

Plötzlich atmete er tief aus. Sie fühlte seinen warmen Atem durch den dünnen Stoff ihrer Hose. Hatte er ihre innere Aufruhr gespürt? Es war so unendlich schwer, ihre Wünsche unter Kontrolle zu behalten.

So sehr sie sich auch bemühte, sie konnte ihren Blick einfach nicht von ihm abwenden. Verschämt betrachtete sie die dunklen, traurigen Augen, die edle Nase, die breiten Schultern. Er war so unbeschreiblich schön! Ihre Bekannten würden sie um ihren neuen Begleiter beneiden. Sobald sie gegen Mittag in seine flehenden Augen gesehen hatte, war es um sie geschehen gewesen. Spontan hatte sie ihn mit nach Hause genommen, unterwegs noch einige Lebensmittel für ein fürstliches Menü besorgt. Nicht umsonst sagte ein Sprichwort: Liebe geht durch den Magen. Sie lächelte, als sie an ihre erste gemeinsame Mahlzeit dachte. Anfangs hatte er sich zwar zurückgehalten, sich dann aber als guter Esser erwiesen. Nach dem Abwasch hatte sie sich aufs Sofa zurückgezogen und er wie selbstverständlich neben ihr Platz genommen.

Sie schreckte aus ihren Gedanken, als er sein Gewicht verlagerte, sich noch enger an sie schmiegte. Sie durfte jetzt nicht schwach werden. Er allein sollte entscheiden, wann die Zeit reif war.

Aller Vernunft zum Trotz, konnte sie nicht widerstehen, ihn zu berühren. Zärtlich strich sie über seinen Rücken. Er blinzelte, regte sich aber nicht. Ermutigt durch sein stummes Einverständnis verstärkte sie den Druck ihrer Finger, fuhr quälend langsam seine Wirbelsäule entlang. Er fühlte sich so gut an. Sie war wie elektrisiert. Wie von selbst glitt ihre flache Hand zu seinem Brustkorb. Sein sinnliches Schnaufen ließ sie innehalten. Genüsslich rollte er sich auf die Seite. Fasziniert betrachtete sie seinen muskulösen Körper. Nur mit den Fingerspitzen berührte sie zaghaft die sich abzeichnenden Rippenbögen, tastete sich weiter zum Bauch, spürte die zarte Behaarung. Wohlig räkelte er sich unter ihren intensiver werdenden Berührungen, streckte ihr erwartungsvoll den Leib entgegen, sein Schwanz zuckte. Beglückt warf sie nun alle Hemmungen über Bord und begann, ihn sanft zu massieren. Die Wärme seiner Haut übertrug sich auf ihre immer forscher vorgehende Hand …

Das Schlagen einer Autotür ließ beide zusammenfahren, beendete jäh ihr intimes Treiben. 'Was, wenn ihr Mann früher nach Hause kommen und sie überraschen würde?', schoss es ihr durch den Kopf. Wie sollte sie ihm die Situation erklären? Die sich ihm bietende Szenerie würde ihn zutiefst schockieren, seine Moralbegriffe ins Wanken bringen.

Denn ihr Mann war der festen Überzeugung, erst nach Wochen oder Monaten das Vertrauen eines ausgewachsenen Hundes aus dem Tierheim gewinnen zu können. Er hatte darauf bestanden, einen Welpen anzuschaffen.

Sultan

Ich bin kein Künstlerbär, kein Unikat, keine außergewöhnliche Schönheit, habe aber einige Zeit im Oman gelebt, was mich dann doch als Bärsönlichkeit auszeichnet. Meine Arbeitsstelle befand sich in einem riesigen Einkaufszentrum im Ortsteil Qurum der Hauptstadt Masqat. Mein Job bestand darin, von einer recht hohen Warte aus Diddl-Mäuse, Briefpapier, Zeitschriften, Reiseführer und Landkarten zu beaufsichtigen. Eine langweilige Tätigkeit, denn großer Betrieb herrschte nur selten. Deshalb war ich sehr erleichtert, als dieses deutsche Frauchen kam und mich abwarb. Bei meiner Taufe zeigte sie sich allerdings wenig kooperativ. Ich hätte gerne den Namen „Qaboos" angenommen, so heißt das seit 1970 den Oman regierende Staatsoberhaupt. Aber sie meinte, „Sultan" könne man sich leichter merken. Nur gut, dass ich ein männlicher Bär bin, sonst hätte sie mich womöglich noch Sultanine genannt.

Es ist ohne Zweifel von Vorteil, dass es multikulturelle Teddys wie mich gibt, die zum besseren Völkerverständnis beitragen. Frauchen hatte sich beispielsweise gewundert, dass die omanischen Fräulein und Damen beim groß gefeierten Fest des Fastenbrechens etwas von ihr abgerückt sind und auch im Warteraum des Flughafens immer auf einige Bänke Abstand geachtet wurde. Ich konnte ihr erklären, dass dies vom ungewohnten Mief der Europäer kommt, die frisch nach Duschgel, Seife, Deo und Duftwässerchen riechen, wogegen die Omani den Weihrauchgeruch bevorzugen. Von diesem Duft gibt es zwar ein nahezu unbezahlbares Parfüm im Goldflakon, aber es geht auch billiger, indem man die Kleidung auf ein Gestell über einen Weihrauchbrenner hängt, wo sie stundenlang „geräuchert" wird.

Frauchen hatte davon keine Ahnung, wusste noch nicht einmal genau, wie man Weihrauch erntet oder wie der Baum aussieht. In der Provinz Dhofar, ganz im Süden der Arabischen Halbinsel, konnte ich ihr einige Exemplare zeigen. Zuerst dachte sie wohl, ich wollte ihr einen Bären aufbinden, aber diese kleinen und knorrigen Bäume mit nur wenigen Blättern, die mitten in der Wüste stehen und wie tot wirken, liefern mit ihrem Harz tatsächlich den besten Weihrauch. Je heller die Tropfen, desto reiner ist er.

Mit diesem Wissen haben wir uns einige Tage später im Suq von Masqat umgesehen und einen bunt bemalten Brenner im Kleinstformat und ein Beutelchen mit goldgelben Harztropfen erstanden. Leider durfte ich zu Hause das Gefäß nur ein einziges Mal in seiner eigentlichen Bestimmung benutzen. Frauchen fürchtete wegen des aufsteigenden Rauches um die Zimmerdecke. Wir hatten also doch minderwertige Qualität gekauft. Aber immer, wenn mich das Heimweh plagt, ich ein wenig in Erinnerungen schwelgen möchte, hole ich den Brenner hervor und rieche am Weihrauch. Dann geht es mir gleich besser.

Ma-as-salaama
Sultan

Ein Glücksgriff! Reisen und Teddybären – die Kombination meiner Hobbys. Dieser Text muss dem Leser einfach gefallen. Es wäre natürlich toll, wenn auch ein Literaturagent oder ein Großverlag ...

Alles wird gut

Nachdem er den Anwesenheitsnachweis gestempelt und ordentlich in seinem Fach im Stechkartenhalter verstaut hatte, holte er sich beim Pförtner seinen Tageseinsatzplan. Entsetzt starrte er auf den Namen der Abteilung, die er heute ausschließlich zu beliefern hatte. Das war eine

Zumutung! Wütend knäulte er den Zettel zusammen und stopfte ihn in die Seitentasche seines Blaumanns.

Der Anzugträger blätterte gelangweilt in einem Pornoheft. Er kannte bereits jedes Detail, hatte sich in den vergangenen Tagen ausgiebig damit beschäftigt. Das Telefon hatte kaum gestört. Alle wussten, dass die Kollegen bis Ende nächster Woche unterwegs waren. Aber ein Depp musste die Stellung halten und das war – als Neuling im Betriebsrat – er. Unlogisch! Gerade unerfahrenen Mitarbeitern sollte die Teilnahme an Fortbildungsmaßnahmen angeboten werden.

Der Blaumann eilte zum Verwaltungsgebäude. Dort musste der Betriebsrat sitzen. Wo genau, daran konnte er sich nicht erinnern, sein letzter Besuch dort war 1986 gewesen. Im Eingangsbereich begrüßte ihn ein Pförtner, der ihm die Auskunft „5. Stock, rechter Flur" gab, an der dortigen Glastür empfing ihn ein Anschlag: Wir sind zur Zeit nicht erreichbar. Wir bitten die Belegschaft um Verständnis. In dringenden Fällen wenden Sie sich vertrauensvoll an Herrn Auer, Zimmer 6.

Der Anzugträger blätterte immer noch gelangweilt in dem Pornoheft, jetzt allerdings von hinten nach vorne. Bei der doppelseitigen Drallen angekommen, hielt er inne. Er deckte mit der Hand ihren Kopf ab. Ja, so mochte die Praktikantin aussehen. Zu schade, dass er nicht auf dem Seminar war, dort hätte er es – zumindest teilweise – vergleichen können. Die Kollegen waren zu beneiden. Als sie vorige Woche bei einem Sektempfang mit Häppchen der Personalabteilung waren, die Praktikantin hatten sie zum Anreichen der Tabletts mitgenommen, hatte er auf dem Schreibtisch im Zimmer 1 das Programm und den Ablauf gefunden. Es ging bei dem Seminar um das Thema: Verhandlungsführung – wie ziehe ich den Gesprächspartner ohne handgreiflich zu werden über den Tisch. Tagungsort: Grand Hotel in Westerland/Sylt. Ablauf: Ab neun Uhr Frühstück, ab zehn Seminar mit zwei 15-minütigen Kaffee- bzw. Rauchpausen. Das Tagespensum endete nach der Mittagszeit mit einer kurzen Information über mögliche Aktivitäten am Nachmittag und Abend. Wahrscheinlich spielten die Kollegen dann am Strand Fangen, planschten im Meer oder lagen faul in der Sonne. Wie die reizende Praktikantin, die sie zur Protokollführung mitgenommen hatten, wohl in einem knappen Bikini aussah? Bestimmt so aufregend wie die Doppelseitige.

Der Blaumann verharrte vor der geschlossenen Tür. Sollte er anklopfen und auf ein „Herein" warten? Das Problem war, dass er seit einiger Zeit nicht mehr so gut hörte. Seine Freizeit verbrachte er fast ausschließlich mit den ehrenamtlichen Aufgaben für den Gesangverein: Plakate kleben, Werbezettel austragen, Getränke für den Vereinsraum besorgen, usw. Zwei Mal die Woche trafen sie sich zu Proben, vier Mal die Woche in der Kneipe, um mögliche Auftritte, das Programm des jährlichen Ausflugs und andere wichtige Dinge zu besprechen. Der Männerchor war sein Leben. Er sang auch gerne, und dazu benötigte man das absolute Gehör. Wenn seine Mitstreiter erfuhren, in einem Dorf sprach sich ja alles herum ... Ohne zu klopfen stieß er die Tür auf und stürmte in den Raum.

Der Anzugträger schreckte hoch, ließ hastig seine Lektüre in einer Schublade verschwinden und beugte sich geschäftig über das Rundschreiben der Geschäftsleitung von Anfang der Woche, das er noch nicht angeschaut hatte. DRINGEND, VERTRAULICH zierte in Großbuchstaben den Kopf, und das in roten Buchstaben. Ihm hatte man keinen Farbdrucker genehmigt. Mit dem hätte er so schön die Fotos vom Karibikurlaub für die ihn beneidenden Freunde ausdrucken können. Er mit der Blondine am Strand, im Whirlpool, mit ihr und der netten Brünetten im Bett. Nein, diese Bilder würde er nicht vorzeigen, darauf erkannte man seinen leichten Bauchansatz.

Aus den Augenwinkeln sah er, dass ein Blaumann vor seinem Schreibtisch stand. Ohne aufzublicken, sagte er höflich: „Einen Moment bitte.

Nehmen Sie doch Platz", dann blätterte er langsam die erste Seite des Rundschreibens um und schaute sich die zweite an, die keine Farbakzente aufwies. Zu dumm, die Sache mit dem Bauch. Auf den Strandfotos und auf denen im Whirlpool hatte er die Luft angehalten, die Brust rausgestreckt, was er im Bett offensichtlich vergessen hatte.

Jetzt war es eigentlich an der Zeit, die zweite Seite des Schreibens umzublättern, was er auch tat. Überhaupt waren die Bettfotos irgendwie schief. Dabei hatte er die Freundin der Blondine genau instruiert, aus welchem Winkel sie die Bilderserie machen sollte. Man konnte sich auf niemand verlassen. Ob er nun die Leserei beenden sollte? Nein, so schnell war kein Mensch. Es gab sogar noch eine weitere Seite. Morgen würde er den Text einmal überfliegen. Wahrscheinlich ging es um die üblichen Einsparungsmaßnahmen und den weiter vorangetriebenen Personalabbau. Worum auch sonst?

Der Blaumann rutschte unbehaglich hin und her. Nicht nur, dass die Sitzgelegenheit unbequem war, er hatte auch ein schlechtes Gewissen. Die Kollegen des Mannes waren außer Haus, wahrscheinlich auf wichtigen Sitzungen, in zähen Verhandlungen zum Wohle der Belegschaft, und er belästigte diesen beschäftigten Herrn mit seinen Problemen. Ob er sich leise zurückziehen sollte? Jetzt blickte ihn der Mann an, deshalb sagte er artig: „Guten Tag."

„Auch Ihnen einen wunderschönen guten Tag. Wie kann ich Ihnen helfen?"

Der Anzugträger hatte absolut keine Lust, sich um irgendetwas kümmern zu müssen, aber zuhören konnte er ja mal. Verständnis und Interesse zeigen. Das half vielen, die mit Sorgen zu ihnen kamen. Meist erledigte sich die Sache damit von selbst.

Es sprudelte aus dem Alten heraus, wie auswendig gelernt: „Ich hab's doch so mit dem Rücken. Die Törtchen- und Pralinenabteilung braucht weniger Mehl. Dort sind die Behälter nicht so groß und man kann es direkt hineinschütten. Bei der Brotabteilung muss ich aber mit den schweren Säcken eine Stiege rauf und sie oben einfüllen. Acht Stunden lang schaffe ich das nicht!"

Diese unsinnige Aussage musste er jetzt erst einmal richtigstellen: „Lieber Mann, übertreiben Sie da nicht? Sie haben zwischendurch zur Erholung die Mittagspause. Außerdem stehen Ihnen vier Toilettenpausen zu, diese Zeit müssen Sie abziehen. Und – mal ehrlich – rauchen Sie nicht immer mal eine hinter der Halle?"

„Ich rauche doch nicht, ich bin Sänger im Männerchor", erwiderte der Blaumann entrüstet.

„Was für eine schöne Freizeitbeschäftigung!"

Hoffentlich wurde er selbst nie so alt, sich jemals einem so langweiligen Hobby hingeben zu müssen. Mit Männern zusammen singen – wie öde. Er vergnügte sich lieber mit dem weiblichen Geschlecht. Aber so, wie sein Besucher aussah, hatte er da ja wohl eh keine Chancen: abstehende Ohren, markante Nase, graue Haare. Niemals würde er es soweit kommen lassen. Frauen mochten zwar graue Schläfen, aber den ganzen Kopf … Er würde färben lassen. Die Ohren konnte ein guter Schönheitschirurg korrigieren, die Nase ebenfalls. Wobei … eine Redensart besagte: Wie die Nase des Mannes, so sein Johannes. Fasziniert starrte er dem Blaumann ins Gesicht. Wahnsinn!

„Was für ein Teil!", murmelte er anerkennend.

„Ja, süße Teilchen werden auch in der Brotabteilung gemacht", bestätigte der Blaumann.

Der Anzugträger hatte den Faden wieder gefunden. Er musste sich zusammenreißen.

„Ja, ja, die Brotabteilung …", sagte er leise vor sich hin.

In dem Schreiben der Geschäftsleitung von vor zwei Wochen ging es doch um die Produktionsumstellung, jedenfalls hatte ihm die Praktikantin das gesagt. Wo hatte er das abgelegt?

„Entschuldigen Sie, lieber Mann, mir ist da gerade etwas Wichtiges eingefallen. Geben Sie mir eine Minute. Ich bin sofort wieder für Sie da!"

Er holte einen Ordner hervor und fand zu seinem Erstaunen sofort das Gesuchte. Wahrscheinlich hatte er es nicht selbst abgeheftet, sondern die Praktikantin. Er überflog das Schreiben, merkte sich einige Schlagworte und widmete sich wieder dem Blaumann: „Ich bitte nochmals um Entschuldigung. Wo waren wir stehengeblieben?"

„Die Brotabteilung und die Pralinenabteilung ...", half der Blaumann.

Die Brünette war trotz ihrer schlanken Figur mit den großen Augen total scharf auf Pralinen gewesen. Einmal hatte sie sich eine zwischen den Beinen ... Nein, daran durfte er jetzt nicht denken, sonst vergaß er die Stichworte wieder.

Der Blaumann dachte: Was für ein intelligenter junger Mann. Wie er ihm den Sachverhalt erklärte, das sprach für ein enormes Wissen. Allerdings war ihm nicht alles klar. Dass man die Produktion umgestellt hatte, da sich die Leute nicht mehr die teuren Pralinen und Törtchen leisten konnten, sondern wieder mehr Brot und Blechkuchen kauften, leuchtete ihm ein. Ausdrücke wie Krisenmanagement, Umsatzeinbußen, fehlende Impulse für die Konjunktur, Bruttoinlandsprodukt und Bilanzen verwirrten ihn eher.

„Und Sie sind DER Fachmann für diese Arbeit. Nur Ihnen vertrauen wir diese enorm wichtige Tätigkeit an", schloss der gebildete Herr seinen Vortrag.

Der Anzugträger war stolz auf sich. Seine beiden letzten Sätze waren geradezu auszeichnungswürdig. Darauf musste der Besucher anspringen. Jetzt noch ein bisschen Smalltalk, dann hatte er wieder seine Ruhe.

„Ich kenne Ihre Akte genau, aber bei dem momentanen Stress ... Wie lange sind Sie doch gleich im Betrieb?"

„Fast fünfundvierzig Jahre."

„Sie sollten dankbar für den sicheren Arbeitsplatz sein. Wie viele sind in der heutigen Zeit arbeitslos."

Der Mann war zu beneiden. So lange Zeit in nur einem Betrieb. Das waren damals noch gute Zeiten gewesen. Wie lange er wohl in der Firma …

„Und es wurde in dieser Zeit doch auch etwas für Sie getan", behauptete er auf gut Glück.

„Ja. Ich war zur Kur. 1987 nach dem Tod meiner Frau und 2001 nach einem Bandscheibenvorfall."

„Sehen Sie, man ist immer auf Ihr Wohl bedacht."

Zwei Kuren waren ihm in dieser Zeit genehmigt worden. Worüber beschwerte sich der Mann eigentlich? Eine Kur – gute Idee, die er im Hinterkopf behalten musste, wenn das Geld für die Karibik mal nicht reichte. Gerade nach diesen Erholungsurlauben hatte er doch manchmal Schwierigkeiten gehabt, mit einer Frau zu … Das kam bestimmt von der beruflichen Überbelastung. Gab es einen besseren Grund für eine Kur? Über Kurschatten hörte man ja die tollsten Geschichten …

Sicher würde ihm noch ein Schuss ins Blaue gelingen: „Und die Lohnerhöhungen …"

„Ja, 1974 nach meiner Heirat und ich glaube 1996, es kann auch 97 gewesen sein."

„Wie schön!"

Er musste unbedingt nachhaken, wie es bei ihm mit einer Gehaltsaufbesserung aussah. Er war jetzt schon neun Monate im Betrieb, zwei davon als Betriebsrat. Die Drinks in den 5-Sterne-Hotels in der Karibik wurden von Jahr zu Jahr teurer.

Ob das auch noch ging? Er sagte vage: „Und die netten Kollegen …"

Der Blaumann überlegte einen Moment, bestätigte dann strahlend: „Ja, der Heiner, der erzählt manchmal einen Witz, in der Mittagspause natürlich, da kann man schon mal lachen."

„Wie schön!"

Was hatte er für einen Spaß gehabt, mit der Blondine, ihrer Freundin und der Brünetten …

Der Blaumann wusste nicht genau, ob er eigentlich eine Antwort erhalten oder sie überhört hatte. Was war denn nun mit der Arbeit ausschließlich für die Brotabteilung?

„Mein Rücken ...", begann er, doch der nette junge Mann unterbrach ihn: „Das wird schon wieder."

„Aber es tut höllisch weh!"

Der Anzugträger kannte solche Ausreden. Alle schoben Beschwerden vor und jammerten. Was waren so ein paar Rückenschmerzen gegen seine Pein im vorigen Jahr, als er sich bei den Weibern etwas eingefangen hatte. Das hätte übel ausgehen können.

Irgendwie musste er den Alten hinhalten. Für seinen Lohn würde der Betrieb sicher niemand mehr finden, der diese stumpfsinnige Tätigkeit machte. Einen Hoffnungsschimmer musste er ihm mit auf den Weg geben, damit er beruhigt war und für die nächsten Jahre Ruhe gab.

„Vielleicht sollte man in Ihrem Falle mal über die Frührente nachdenken", sagte er gedehnt, wobei die Betonung eindeutig auf dem ersten Wort lag.

Das genügte an Aussage. Aber er musste die Kollegen darüber informieren, damit sie vorgewarnt waren, sollte der Blaumann doch noch einmal nachfragen. Dazu musste er allerdings seinen Namen wissen.

„Ich werde sehen, was ich für Sie tun kann, Herr ... Herr ..."

Er hörte: Sehl

„Ja, natürlich, Herr Sehl. Machen Sie sich keine Sorgen."

Was wusste dieser Alte von Sorgen. So schlimm wie seine konnten sie kaum sein. Blöderweise hatte er der Blondine seine private Telefonnummer gegeben und sie hatte schon zwei Mal angerufen. Wie bekam er die nur wieder los? Das waren Sorgen!

Er stand auf und komplimentierte den Blaumann zur Tür: „Wenn Sie mich jetzt bitte entschuldigen würden? Ich erwarte einen wichtigen Anruf."

Bevor er die Tür schloss, warf er noch einen Blick auf die Nase des Mannes. Wahnsinn!

Der Blaumann stand erleichtert im Gang. Wie hatte der Herr noch gleich geheißen? Er studierte das Türschild. B. Auer. Ein total überlasteter, aber sehr fähiger Mann. Was hatte er ein Glück, an ihn geraten zu sein. Er würde sich um alles kümmern.

Der Anzugträger wartete mit angehaltenem Atem hinter der Tür. Wann ging der Kerl endlich? Er brauchte dringend eine Zigarettenpause, aber nicht heimlich hinter der Halle, sondern im extra dafür eingerichteten Raum am Ende des Flurs. Dann musste er schnurstracks in die Kantine, um sein Frühstück zu besorgen. Es war noch nicht zu spät. Wenn er verschlafen oder das Auto zur Werkstatt gebracht hatte, war er mit den Angestellten zusammengetroffen, die um zehn Uhr Schichtende hatten und sich am Automat einen Kaffee zogen. Sie rochen verschwitzt, irgendwie nach Arbeit, da konnte einem glatt der Appetit vergehen. Das Frühstück im Hotel auf Curacao, ein Gedicht! Noch warme, gerade frisch gebackene Croissants. Nur beim Frühstück im Bett waren die Krümel etwas lästig gewesen.

Der Blaumann verließ den Verwaltungstrakt und rannte über den Hof. Ein kurzer Blick auf die Wanduhr über dem Eingang der Halle zeigte ihm, dass er 38 Minuten zu spät am Arbeitsplatz eintreffen würde. Das gab bestimmt Ärger mit dem Vorarbeiter. Ob dafür wieder eine Abmahnung fällig war? Eine hatte er schon in den Akten: 1986 war er in einer Woche drei Mal unentschuldigt eineinhalb Stunden zu spät gewesen, da sein Wecker kaputt gegangen war und er im Dorf keinen neuen besorgen konnte.

Der Anzugträger lächelte die Frau hinter der Theke freundlich an. Seit sie vor circa vier Wochen bei ihnen gewesen war, um sich über massives Mobbing durch andere Kantinenmitarbeiter zu beschweren, genossen die Betriebsratsmitglieder Sonderbehandlung in Form von zusätzlichen Brötchenbelägen, einem Gratis-Saft oder einer zu ihren Gunsten beschönigten Addition der Preise. „Wir werden Ihren Fall im Auge behalten", hatte der Kollege zu der Frau gesagt. Was so ein einfacher Satz bewirken konnte.

Der Blaumann wuchtete mühsam fünf Sack R1150 von der Palette auf den Karren und eilte damit zur Brotabteilung. Der nette Mann vom Betriebsrat würde jetzt sicher gerade seinen Antrag auf Frührente ausfüllen und in die Hauspost geben. Spätestens Montag konnte er mit der Genehmigung der Personalabteilung rechnen. Oder musste noch eine andere Stelle eingeschaltet werden? Herr B. Auer würde es wissen und sich bestimmt darum kümmern.

In der Halle angekommen, stieg der Blaumann die Leiter hinauf. Der Ablauf war ihm in Fleisch und Blut übergegangen: Den Sack auf der kleinen Plattform absetzen, einschneiden, vorsichtig wieder auf die Schulter hieven und ganz langsam, damit es nicht zu sehr staubte, in den Behälter leeren.

Der Anzugträger biss nachdenklich von seinem Lachsbrötchen ab. So viel Arbeit! Zunächst das Kurzmemo über den Alten schreiben. Wie hatte er noch gleich geheißen? Seel, Sehl, Sähl? Beinahe hätte er sich verschluckt, so musste er lachen. Natürlich – das Wortspiel. Die Praktikantin hatte sich bei der Durchsicht der Hängeregistratur mit den Gesprächsnotizen der letzten dreißig Jahre köstlich amüsiert. Der Mann hieß Sel, und dann auch noch E. mit abgekürztem Vornamen. Ob er sich die Akte des alten Esels aus der Personalabteilung besorgen sollte? Nein, er würde einen Zettel auf den Arbeitsplatz der Praktikantin legen. Sie musste ja etwas zu tun haben, wenn sie braungebrannt übernächste Woche zurückkam. Ob es sich um eine nahtlose Bräune handelte? Gab es auf Sylt Nacktbadestrände? Das musste er in Erfahrung bringen, bevor eine weitere Tagung auf der Insel anstand. Er nippte am Orangensaft. Das brachte ihn auf den Gedanken, dass sie im Kühlschrank noch einige Flaschen Sekt hatten. Zwar keine edlen Marken, wie er sie von der Karibik gewohnt war, aber sie konnten den Mitarbeitern für ihre Geschenke ja schlecht diesbezügliche Vorschriften machen.

Er wird bald
in Frührente
gehen und
viel Zeit haben,
sich seinem
Hobby zu
widmen.

Und Sie?

★ **Sie** sind ein brillanter Hobbykoch und können die Welt mit wertvollen Tipps bereichern.

★ **Sie** erwarten, mit der gedruckten Ausgabe Ihres Liebesromans sich in der Literaturszene zu etablieren.

★ **Sie** sind ein erfolgversprechender Nachwuchsautor, haben Ihre interessante Lebensgeschichte zu Papier gebracht und wollen Ihre Autobiografie einer großen Leserschaft widmen.

★ **Sie** möchten Ihr Werk in den Bestsellerlisten wiederfinden.

★ **Sie** gehören dem Landfrauen-Verein an und überlegen, Ihre genialen Rezepte mit allen Gleichgesinnten zu teilen.

★ **Sie** möchten Ihre Erfahrungen mit der Terrarienhaltung südchilenischer Hausspinnen für die Ewigkeit festgehalten wissen.

★ **Sie** suchen eine Möglichkeit, Ihren vor Jahrzehnten geschriebenen Science-Fiction-Roman endlich umzusetzen.

★ **Sie** erwägen, Ihre Ergüsse als begnadeter Freizeitautor der Nachwelt zu vermitteln.

★ **Sie** erhoffen sich mit der Herausgabe der Gedichtsammlung Ihrer verstorbenen Urgroßtante einen sensationellen Durchbruch.

★ **Sie** sind der Entdecker des Hausmittels gegen Schnupfen und beabsichtigen, das Verfahren in einem medizinischen Bericht der Allgemeinheit zugänglich zu machen.

★ **Sie** wünschen Bestätigung und Anerkennung Ihres Talents, beabsichtigen, sich als Literat einen Namen zu machen und ein luxuriöses Leben zu führen.

★ **Sie** ersehnen eine positive Beurteilung Ihres großartigen Manuskripts.

★ **Sie** träumen davon, Ihr eigenes Buch in vielfacher Ausfertigung in Händen zu halten.

Dann sind wir Ihr Partner.
Rufen Sie uns unverbindlich an.

 **DKZ Verlag, Telefon 01234 5789–0**

Überweisen Sie noch kein Geld!
Wir schicken Ihnen eine gesalzene und gepfefferte Rechnung.

Der leicht eingestaubte Blaumann hastete im Laufschritt zurück ins Lager. Noch lief die Anlage, aber im Behälter III musste dringend W405 nachgefüllt werden. Sein Zuspätkommen war nicht aufgefallen. Wie am Vorabend in der Kneipe erzählt worden war, hatte der Vorarbeiter einige Stunden zuvor einen Enkelsohn bekommen und saß momentan wahrscheinlich mit den Damen des Schreibbüros zusammen, um ihnen alles haarklein zu berichten.

Der Anzugträger nahm einen großen Schluck Sekt. Er musste sich im Bekanntenkreis nach angesagten Kurorten erkundigen. Dort hielten sich bestimmt viele reiche Damen auf. Man konnte nie früh genug mit einer ausgiebigen Recherche und Planung beginnen. Im Alter musste es nicht unbedingt die Karibik sein. Eine Villa in Südfrankreich mit Pool und Blick aufs Meer war durchaus annehmbar.

Der leicht eingestaubte Blaumann schob den Sackkarren zur Halle. Die Urlaubstage für das laufende Jahr waren mit seinen Erledigungen für den Gesangverein draufgegangen. Ob man ihn kommende Woche trotzdem freistellen würde? Am Abend war Probe, bis halb elf. Danach würde er nicht wie üblich mit in die Kneipe gehen, sondern die im Keller gestapelten Kisten raufholen und mit dem Packen beginnen. Er würde wegziehen. Hier im Dorf gab es – außer in geschlossenen Räumen – keinen Ort, von wo aus man die Großbäckerei Müller nicht sehen oder riechen konnte. Alle Einwohner arbeiteten für den Betrieb. Auf neugierige Fragen, warum er schon mit neunundfünfzig in Frührente ging, war er nicht scharf.

Endlich würde er ganz seinem Hobby frönen können, Bestimmt fanden sich ein paar Gleichgesinnte, mit denen er eine A-cappella-Gruppe gründen konnte. Das war gefragt und Musiker brauchten sie dazu auch nicht.

Wo sollte er hinziehen? Hamburg? Lübeck? Nein, diese Städte kannte er nicht. Aber in Bremen war er schon einmal gewesen, da lebte eine Nichte. Er würde nach Bremen ziehen.

Der leicht angesäuselte Anzugträger goss sich Sekt nach. Er musste daran denken, das Pornoheft in die Schreibtischschublade des Kollegen Hahn zurückzulegen. Links oben, unter den Urlaubskatalogen, hatte er es gefunden. Aber jetzt würde er erst einmal im Internet nach Billigflügen nach Bridgetown schauen. Auf Barbados war er noch nie gewesen.

Die Notiz für die Praktikantin hatte er vergessen. An die Nase des Mannes dachte er noch ab und zu. Wahnsinn!

(Ähnlichkeiten mit lebenden Personen oder den realen Zuständen in der Firma, in der ich einst gearbeitet habe, sind rein zufällig und keineswegs unbeabsichtigt.)

Genug geübt! Die Eselgeschichten haben mir viel Spaß gemacht. Nachdem die Grundideen vorhanden waren, entwickelte sich der Wortlaut beim Tippen, die Texte schrieben sich fast von alleine. Na ja, nicht wirklich. Wie der Leser und wahrscheinlich auch die Agenten und Großverlage bereits gemerkt haben werden, neige ich manchmal zu Übertreibungen.

Wenn ich zurückblättere, Esel, Katzen, Elster, Kühe, Hühner, Hunde, Schwein, Möwe, Bären, Schafe, Kredithai, Pferd, Panther, Seeelefant, Känguru, meine Geschichten sind schwerpunktmäßig tierisch. Da wäre eine gezielte Suche nach einem Verlag angebracht, der sich auf dieses Genre spezialisiert hat. Wahrscheinlich würde ich ihn eher finden, als er mich. Ob je eine Zusammenarbeit zustande käme, steht auf einem anderen Blatt – oder in einem anderen Buch? Ich bin überzeugt, dass ich kalte Füße in Form von Selbstzweifel bekommen würde. Will meinen Senf überhaupt jemand lesen? Sind die Geschichten interessant und an den gewünschten Stellen auch wirklich lustig? Diese Überlegungen spornen aber auch an, sich zu verbessern, indem man zum Beispiel schwafelnde Passagen rigoros streicht. Das könnte ich mit dem gerade geschriebenen Absatz eigentlich auch tun …

Lokalkolorit

Wenn es schon mit der Entdeckung durch Agenten und Verlage nicht klappt, sollte ich einen geschichtlichen Anreiz geben, um zumindest in der Region berühmt zu werden. Zu Rippscher, Grie Soß oder Handkäs mit Mussigg fällt mir partout nichts ein. Über Hedschelbiebelsche, Labbeduddel, Worzelberscht oder Muffeköpp mag ich nicht schreiben, bin ja nicht ballaballa.

Aber es gab unter meinen Mitbewohnern mal einen schinanden Schobbepetzer ...

Neu-Hesse

Das war mir voll peinlich. Ich wohne erst seit einigen Wochen hier in der Gegend (bin gebürtiger Norddeutscher) und wollte unbedingt den berühmt-berüchtigten Frankfurter Apfelwein probieren. Meine Gastgeber waren so freundlich, für mich eine Flasche Ebbelwoi zu kaufen und zu öffnen. Im Gerippten (das ist das Glas) wurde mir serviert – und dann finde ich das Zeug einfach grausig, sauer (da sagt man wohl: herb), mit anderen Worten: seeehr gewöhnungsbedürftig.

Aber nun wollte ich auch nicht heimlich den Glasinhalt wegschütten, sonst hätte man noch geglaubt, mir würde das tatsächlich schmecken. Also habe ich ehrlich zugegeben, dass ich bitte kein weiteres Schlückchen nehmen möchte.

Und siehe da, ich bin auf großes Verständnis gestoßen. Auch hier im Haus mag man das Stöffche eigentlich nur im Sommer als Gespritzten, etwas mit Wasser gestreckt. Da war ich wirklich erleichtert.

Aber was tun mit der ganzen Flasche? Frauchen hatte die Idee: Weinschaumcreme. Ich muss Euch sagen, die ist echt lecker! Davon kann ich gar nicht genug bekommen. Vielleicht besorgt man mir ja gelegentlich wieder einmal das köstliche Gesöff.

Schmatzende Grüße!

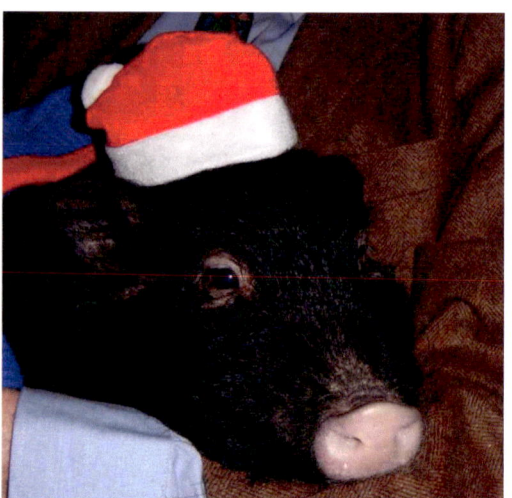

Frohes Fest

Weihnachtsgeschichten erfreuen sich großer Beliebtheit. Immer wieder findet man im World Wide Web Aufforderungen von Verlagen, Beiträge für Anthologien einzureichen. Ich habe zwar seit Jahren eine Story parat, hatte aber Bedenken, sie abzuschicken. Zum einen ist sie sehr persönlich. Auch bin ich mir nicht sicher, ob ein Außenstehender annähernd meine Art von Humor nachvollziehen kann. Zudem ist die Geschichte nicht wirklich feierlich – so mit leuchtenden Kinderaugen, reich geschmücktem Tannenbaum, Kerzenschein, Familienidylle, Romantik, Friede, Freude und Eierkuchen. Aber zumindest hat sie ein Happy End.

Pute gut – alles gut

(24. Dezember 1999) Wir hatten uns erkundigt. Der Aufzug wird an diesem Tag in Betrieb sein. Dem Besuch des Christvespers steht nichts im Wege. Ursprünglich wollte ich nicht mitgehen, aber da meine Mutter nach der Karpaltunnel-OP an der rechten Hand den Rollstuhl mit meinem Vater nicht alleine schieben kann, ich wegen eines chirurgischen Eingriffs den linken Arm nicht benutzen darf, ergänzen wir uns großartig.

Aber vorher, exakt um vier Uhr dreißig, gilt es, eine wichtige Aufgabe zu erfüllen. Mein Bruder und Familie sind in der Kirche, bei einem kindgerechten Gottesdienst. Die Pute, die beim Abendessen auf den Tisch kommen soll, muss dreieinhalb Stunden vorher in den Ofen. Als ich die Nachbarwohnung betrete, bietet sich mir in der Küche ein verheißungsvoller Anblick: Das noch blasse Vögelchen liegt bereits im Bräter, die Beine mit weißen Papiermanschetten recken sich mir entgegen. Das wird ein Festschmaus! Schnell rein damit in die vorgeheizte Backröhre und die Temperatur höher drehen. Einige Minuten beobachte ich die Truthenne. Leider entwickelt sich kein Duft, das dauert wohl noch eine Stunde. Um acht werden wir das Tierchen verputzen. Ich kann es kaum erwarten.

Vielleicht sollte ich an dieser Stelle erklären, dass ich mich am Tag des Geschehens in der Fressphase befinde. Das ist keine offizielle medizinische Bezeichnung, trifft aber genau den Punkt. Die Zeit nach den einzelnen Chemos gestaltete sich wie folgt: zwei Tage totales Elend, zwei Tage „Bäh", drei Tage „geht so", 2. Woche: allmähliche Rückkehr zur Normalität, 3. Woche: „Ist das Leben nicht schön?" Leider ging mit diesem Hochgefühl eine Art Genusssucht einher, die sich unter anderem durch Essattacken auszeichnete. So konnte es vorkommen, dass ich nach dem Mittagessen zu einem Spaziergang aufgebrochen bin – man braucht ja viel frische Luft zur Genesung. Der Marsch führte mich meist zu einem Fastfoodlokal. Nach den zwei bewältigten Kilometern war eine Stärkung dringend nötig. Dem Maxi-Menü folgten noch ein Kaffee und eine Apfeltasche (oder auch zwei). Auf dem Rückweg in einer Konditorei noch schnell Käsekuchen besorgt. Sollte ich den vor dem Abendessen nicht mehr schaffen, konnte ich ihn ja immer noch als Gute-Nacht-Snack verdrücken.

Das kann kaum einer nachvollziehen, der nicht in dieser Lage war. Ob man den Infusionen wirklich appetitanregende Mittel beifügt, damit der Krebspatient nicht abmagert, wurde mir nie bestätigt. Oder ob die geistige Hemmschwelle wegfällt und man sich unterbewusst sagt: „Ich lebe noch! Jetzt gönne ich mir was!" Keine Ahnung! Eine Dame schilderte mir, dass sie sich in dieser Zeit quasi nur noch von Süßigkeiten ernährte, ein Betroffener wunderte sich über sich selbst, wie er genüsslich die extra-feurigen Chili-Chips abwechselnd mit Schokolade verspeiste.

Obwohl es nur wenige Meter zum Gotteshaus sind, muss ich mich vorher ordentlich stärken. Es wird in den nächsten beiden Stunden keine Gelegenheit geben, dem Magen etwas zuzuführen. Zwei Stück Kuchen und ebenso viele Tassen Kaffee werden einverleibt.

Lieder, Gebete, Bibeltexte – irgendwie Routine für diesen Feiertag.

Auf die Predigt kann ich mich nicht konzentrieren, sie rauscht an mir vorbei. Bis auf die Beleuchtung des Weihnachtsbaumes ist es dunkel. Selbst die Stimme des Pfarrers dringt nicht zu mir durch. Für mich ist es ein unangenehmer Moment der Stille, der Besinnung auf mich selbst. Ich habe doch sonst meine Gedanken im Griff, kann sie ganz gut verdrängen, wenn sie zu heftig werden. Was mache ich eigentlich hier? Soll ich mich hier und jetzt bei Gott für seine unendliche Güte bedanken, mir Krebs geschickt zu haben? War das ein Zeichen von oben, mein Leben zu ändern? Aber warum? Und warum gerade ich? Das ist wohl die am häufigsten gestellte Frage Betroffener, die nicht beantwortet werden kann, die man eigentlich von vornherein aus dem Fragenkatalog ausschließen sollte.

Vaterunser, Segen, Ankündigungen, Schlusslied, Orgelnachspiel

Die Kirche, genauer gesagt die Gottesdiensträumlichkeit, befindet sich in der ersten Etage, darunter, in einer Art Tiefparterre, der Gemeindesaal. Am Nebeneingang wurde für Gehbehinderte vor einigen Jahren ein Fahrstuhl außen angebaut. Wenn man ihn vom Straßenlevel betritt, fährt man entweder nach unten und erreicht durch eine Tür an der Seite direkt den Saal. Oder man drückt den Aufwärts-Knopf und landet auf dem Treppenabsatz, also immer noch vor der Eingangstür.

Wir warten, bis sich der Andrang gelegt hat, schieben dann den Rollstuhl in die Kabine. Meine Mutter drückt auf „EG“. Die Türen schließen sich in Zeitlupe. Mehr passiert nicht. Auch auf erneutes Drücken des Knopfes zeigt der Aufzug keine Bereitschaft, sich in Bewegung zu setzen. Ok, wenn er nicht will, dann gehen wir hinaus und versuchen es noch einmal. Der Tür-auf-Button bringt nicht die erhoffte Reaktion. Dafür erzittert der Stahlkasten, rüttelt sich, bewegt sich ruckend einige Zentimeter abwärts. Das war's dann auch. Wir drücken nun alle Knöpfe der Reihe nach durch, so viele sind es ja nicht, zum Schluss den roten. Draußen heult laut eine Sirene auf, verstummt nach einigen Sekunden.

Wir erwarten, dass nun Rettung naht, aber es tut sich absolut nichts. Wenn man ein bisschen nachdenkt, ist das auch verständlich. Es sind nur noch der diensthabende Pfarrer in der Nähe, der sich wahrscheinlich gerade im Hinterzimmer umzieht, einige Mitglieder des Kirchenvorstands, die die Sammelkörbchen und Klingelbeutel leeren, die liegen gelassenen Programme einsammeln, und der Organist, der immer noch kräftig in die Tasten haut. Ich mag Orgelmusik, wünsche mir aber in diesem Moment, sie könne nun so langsam enden. Warum ergreift man bei uns eigentlich zu Beginn des Orgelnachspiels die Flucht? Von anderen Ländern habe ich gehört, dass man andächtig dem Konzert lauschend auf den Sitzen verharrt und erst anschließend den Weg nach Hause antritt. Eine Änderung unserer (Un-)Sitte gab es jedenfalls noch nicht. Hoffen wir also, dass der Organist kein zu langes Stück für den heutigen Abend ausgewählt hat und die Kirchgänger großzügig gespendet haben, damit die Gottesdiensthelfer noch möglichst lange zu sortieren und zu zählen haben.

Momentan können wir nur warten. Und wenn wir Pipi müssen? Der Vater hat damit keine Probleme, führt den entsprechenden Beutel mit sich. Die Mutter hatte, vorsichtig beziehungsweise in diesem Falle sogar vorausschauend, wie sie immer war, nur eine halbe Tasse Kaffee getrunken. Ich aber zwei! Eine Stunde werde ich sicher noch aushalten. Und dann? Wie deprimierend, ich rechne schon mit Stunden. Wo ist mein Optimismus geblieben? Weitere Fragen quälen mich: Wie lange werden meine Schwägerin und mein Bruder mit dem Essen warten? Die Kinder müssen ja irgendwann ins Bett. Ob man zu viert eine Pute vernichten kann?

Die Orgel spielt immer noch.

Der einzige Komfort in dem sterilen Kasten besteht darin, Licht zu haben. So können wir mühelos den Anschlag der Firma lesen, die den Aufzug betreut: Keinesfalls soll das Transportmittel am 31. Dezember benutzt werden, da nicht absehbar ist, wie sich der Jahrtausendwechsel auf die Elektronik auswirken wird. Keine Sorge, liebe Firma, ich habe weiß Gott nicht die Absicht, hier nächste Woche erneut präsent zu sein. Ferner erfahren wir den Namen, die Anschrift und die Notfall-Rufnummer des Betriebes mit Sitz in Hanau. Das sind gerade mal schlappe fünfundzwanzig Kilometer. Es gibt zwar keine Schnellstraße, trotzdem dürfte die Distanz bei dem herrschenden, äußerst geringen Verkehrsaufkommen in weniger als einer halben Stunde zu bewältigen sein. Voraussetzung dafür ist allerdings ein Anruf.

Deutlich sehe ich den Servicemitarbeiter vor mir, der gerade mit der Familie die Bescherung begeht, mit seinen Kindern auf dem Teppich kniet und die neue Eisenbahn fahren lässt oder in der heutigen Zeit wohl eher das gerade ausgepackte Computerspiel hochlädt und testet. Gleich wird sich die Sippe an den Tisch setzen. Ich erahne, rieche es fast, dampfende Schüsseln mit Rosenkohl und Kartoffeln, auf einer Platte ruht eine knusprige Gans, daneben steht eine Sauciere mit brauner Bratensoße. Meine Fantasien bewegen sich wieder ganz eindeutig in die falsche Richtung. Wie Umfragen ergeben haben, isst der Deutsche an Heiligabend meist Würstchen mit Kartoffelsalat, der aber nicht minder schmackhaft sein muss. So ein gut durchgezogener, hausgemachter Salat mit Gurke und Ei oder – noch besser – mit noch warmem ausgelassenen Speck übergossen …

Kurz bevor mir das Wasser aus dem Mund tropft, wird mein Gedankengang jäh unterbrochen. Die Mutter hat den Alarm gedrückt. Vor lauter Beschäftigung mit meinen Gelüsten habe ich nicht gemerkt, dass die Orgel verstummt ist. Halleluja! Das penetrante Heulen ertönt, dann ist es wieder still – und bleibt es auch. Erst nach dreimaligem Betätigen des Notsignals nähern sich Personen. Eine fragt zaghaft: „Hallo? Ist da jemand?"

Wir können die Worte deutlich hören, sehen uns also nicht veranlasst, laut zu rufen.

„Ja! Im Aufzug", sage ich.

„Haben Sie was gehört?", fragt eine Dame.

„Ich glaub schon. Da ist jemand drin", antwortet eine männliche Stimme.

Diesen Glauben müssen wir stärken, bringen die Sirene zum Jaulen.

„Hallo!", schreit die erste Person.

Uns fliegen fast die Ohren weg. Durch die Umweltgeräusche draußen scheint man uns hingegen schlecht zu verstehen. So rufe ich: „Wir sind im Aufzug!"

Zur Untermauerung dieser Aussage drückt die Mutter den Alarmknopf. Jetzt sollte unsere unschöne Situation hinreichend verdeutlicht sein.

Eine neu hinzugekommene Stimme ist zu vernehmen: „Was ist denn hier los?"

Unsere Entdeckerin leistet Aufklärungsarbeit.

„Wie viele sind Sie?", schreit jemand.

„Wir sind zu dritt", brülle ich zurück.

Denken die ernsthaft, wir hätten den Fahrstuhl überbelastet? Durch meine Essattacken sind zwar ein paar zusätzliche Kilogramm auf den Hüften zu verzeichnen, aber so gravierend kann sich das noch nicht ausgewirkt haben. Zudem sind wir erst unterwegs zum Abendessen. Apropos … die Pute müsste bald aus der Backröhre …

Draußen wird beraten. Die Hauptfrage lautet: „Was machen wir bloß?", allerdings in Zimmerlautstärke gestellt. Uns gilt ein ermunternder Ruf: „Wir holen Sie gleich raus!"

Wer's glaubt, wird selig.

Man hat des Rätsels Lösung gefunden: der Hausmeister. Schritte entfernen sich. Viel Glück! Soweit ich weiß, befindet er sich in Urlaub. Mutter scheint meine Meinung zu teilen, sagt zwar nichts, drückt aber ausgiebig den Alarm. Kaum ist der schrille Ton verstummt, dringen wieder Stimmen zu uns durch: „Keine Angst! Wir holen Sie gleich raus."

Ihr Wort in Gottes Ohr. Diese Beruhigungsversuche kennen wir bereits, auch die Unwahrscheinlichkeit der Aussage. Ausnahmsweise denke ich einmal nicht an kulinarische Genüsse, sondern an die Absurdität, Notruftelefonnummern in einem Aufzug anzubringen. Mein Handy habe ich nicht dabei, wozu auch bei dem kurzen Weg. Außerdem funktionieren diese Dinger in Stahlgehäusen meist schlecht oder gar nicht. Die Information müsste doch logischerweise außen angebracht sein. Sollen wir die Telefonnummer rausrufen? Ob einer der Ehrenamtlichen ein Mobiltelefon hat? (Liebe Leserin, lieber Leser, liebe Agenten und liebe Großverlagsmitarbeiter, bitte nicht ungläubig den Kopf schütteln. Die Weihnachtsgeschichte spielt sich 1999 ab. Da hatte noch nicht jeder so ein Ding in der Tasche.)

Die Helfer diskutieren wieder. Der Hausmeister macht nicht auf. Wusst ich's doch! Man beschließt, beim Pfarrer zu klingeln. Schritte entfernen sich.

Zwischenzeitlich hat es einige Male geruckelt. Zentimeter um Zentimeter geht es abwärts. Wenn man wie ich eine Vorliebe für Katastrophenfilme und Thriller hegt, sind solche Szenen vertraut: Metallseile reißen, die Enden schlagen wild und unkontrolliert an die Mauern. Der Fahrstuhl beginnt leicht zu kippen, das Gehäuse ächzt. Kreischend lösen sich die letzten Haltetrosse und mit einer genialen Kameraführung saust die Kabine in einem Funkenregen in die Tiefe. Sie verschwindet in der Dunkelheit, die hysterischen Schreie der Insassen verhallen. Mit angehaltenem Atem wartet man auf den harten Aufprall, der erwartungsgemäß erfolgt. So rasend schnell, dass man es kaum verfolgen kann, nähert sich ein Feuerball, rot, orange, gelb, der das Fernsehbild oder die Kinoleinwand ausfüllt. Wow!

Nein, Angst vor einem spektakulären Absturz habe ich nicht. Wir befinden uns hier nicht in einem Hochhaus, im 30. oder gar im 40. Stockwerk, sondern geschätzte fünf Meter über dem Abgrund. Und warum sollten die Seile reißen? Eine Sabotage ist höchst unwahrscheinlich. Gehen wir einfach von einem harmlosen Defekt aus, der mit wenigen Handgriffen zu beheben ist. Aber von wem und wann? Wie lange kann man eigentlich eine Pute warmhalten? Bevor ich mich der Sorge um das bei unserer Befreiung bereits aufgefutterte Vögelchen hingeben kann, drückt die Mutter mit einem breiten Grinsen den Alarmknopf. Als wieder Stille eingekehrt ist, hören wir die besorgte Frage: „Alles in Ordnung bei Ihnen?"

„Alles okay!", rufen wir im Duett.

„Wir lassen Sie nicht im Stich."

Na, das wäre ja auch noch schöner. Wir sitzen im Fahrstuhl fest und die anderen gehen nach Hause zum Essen – nein, nur nicht daran denken.

Wieder bespricht sich das ratlose Team. Es hat erkannt, dass unsere Stimmen von weiter unten erklingen. Die Versammlung läuft die Treppe hinunter, um die Hecke herum und steht nun vor der Tür auf Straßenniveau. Ganz so weit sind wir allerdings noch nicht gekommen. Als meine Mutter wieder mit tierischer Freude den Notknopf gedrückt hat und das durchdringende Heulen verebbt ist, hören wir nicht nur die Stimmen von halb unten, sondern auch eine von schräg oben.

„Seid Ihr da drin?", ruft mein Bruder.

Gott sei Dank! Nicht, dass er Himmel und Hölle in Bewegung setzen und uns umgehend aus unserem stählernen Gefängnis befreien könnte, aber immerhin ist es ein Zeichen dafür, dass er nicht in der Küche steht und die Truthenne tranchiert. Er hatte sich über unsere Verspätung gewundert und auf die Suche begeben. Im Haus war alles dunkel, der Weg verlassen. So rannte er durch den Haupteingang in den hell erleuchteten, aber menschenleeren Kirchenraum. Unser Alarm wies ihm den Weg zum Aufzug.

Ich brülle: „Ja!", ein Helfer schreit: „Wir sind hier unten!"

Rüttel, schüttel, wir nähern uns langsam, aber sicher – wollen es jedenfalls schwer hoffen! – unserem Ziel. Draußen wird mein Bruder begrüßt. Es klingt, als wären wir auf gleicher Höhe. Noch jemand kommt: Der Pfarrer, wie ich an der Stimme erkenne. Seine Arbeitszeit endete mit dem Nachmittagsgottesdienst. Hoffentlich hat man ihn nicht vom Gabentisch geholt – oder gar vom Esstisch. Ich bremse mich, mir das weiter auszumalen, denn mir ist schon ganz flau im Magen.

Man beratschlagt und beschließt, den Sicherungskasten im Gemeindesaal in Augenschein zu nehmen. Die Mutter hat wieder die Sirene betätigt, sie kann es einfach nicht lassen. Eine Frauenstimme ruft uns zu: „Keine Panik, wir sind noch da!"

Die reine Lüge, denn es ist anschließend nichts mehr zu hören. Die Meute ist unterwegs ins Tiefparterre. Jetzt dringt von dort ein Murmeln an unsere Ohren. Plötzlich werden wir mitsamt unserem Gehäuse ordentlich durchgerüttelt. Diesmal sacken wir an die zwanzig Zentimeter. Sehr weit kann es bis zum untersten Niveau nicht mehr sein, die Stimmen sind wieder deutlich zu hören. Jemand liest die Beschriftungen der Schalter vor. Ab und zu klackt es, man probiert also munter herum. Wieder schüttelt es uns durch, wieder ein Stück gewonnen.

„Schalter bei Aufzugsbetrieb nicht betätigen!", hören wir. Jemand kichert, dann klackt es und – oh Wunder – die Türen hinter mir öffnen sich. Als ich mich umwende, sehen mich zwölf oder dreizehn Augenpaare an. Ob ich einen Schock habe? Denn mein erster Gedanke gilt nicht der Pute, sondern der Tatsache, dass wir vom Regen in die Traufe gekommen sind. Jetzt müssen wir nämlich einige Stufen runter, auf der anderen Seite des Raumes wieder hoch, dann ist noch die Eingangstreppe zu bewältigen. Egal, ich muss hier raus, nehme die entgegengestreckte Hand, mache einen großen Schritt zur Überwindung der noch bis zum Fußboden fehlenden zwanzig Zentimeter und gehe. Aus den Augenwinkeln sehe ich, wie man meiner Mutter beim Abstieg assistiert, viele helfende Hände den Rollstuhl samt Vater in null Komma nichts alle Hindernisse überwinden lassen, er ebenso schnell auf der Straße ankommt wie ich. Geschafft! Gott und seinen irdischen Mitarbeitern sei Dank!

Nur knappe vierzig Minuten hatten wir uns in der misslichen Lage befunden. Kaum zu glauben, wie lange so eine Zeitspanne sein kann. Vor dem Fernseher oder mit Computerspielen fliegen die Stunden immer ratzfatz vorbei.

Die Familie und das Vögelchen haben brav auf uns gewartet. Letzteres war nicht verbrannt, sondern schön braun, knusprig und schmeckte göttlich.

Pute gut – alles gut!

Erklärung zu den Fotos:

Seite 15:
Omanisches Souvenir: Weihrauchbrenner
Manchmal spinnt die Autorin ein bisschen
Der 4. Juli im Zoo von San Francisco

Seite 27:
Mädchenschwarm Ese L. in Hagebutten

Seite 46:
Ronny von Ronneburg
Ätsch!

Seite 65:
Markusplatz in Las Vegas
Nationalfeiertagsschleckerei
Die Wutz

Seite 95:
In freudiger Erwartung der Frührente

Seite 100:
Weinschaumcreme
Nikowutzi
Pier 39

Grizzly vs. Teddybär

Ein Kampf um die Gunst des Lesers

In ihrem Erstlingswerk kombiniert Christel K. Haas ihre Leidenschaft, auf Reisen Land und Leute kennenzulernen, mit ihrer Liebe zu Bären, und zwar nicht nur die der Unterart Ursus arctos, sondern auch der Gattungen Plüsch und Mohair.

Der Markt bietet sehr gute Reiseführer und eine Vielfalt an Bildbänden über Alaska, womit die Autorin keinesfalls konkurrieren möchte.
Es ist die Beschreibung einer organisierten Reise durch den größten Bundesstaat der USA – wie sie sie erlebt hat – und beinhaltet das beeindruckendste Abenteuer ihres Lebens: die Begegnung mit Grizzlybären.

Es gibt unzählige Bücher über die Historie, Erkennungsmerkmale, Pflege und Sammelleidenschaft von Teddybären. Auch daran kann und will sich die Autorin nicht messen. Das Buch möchte Sie mit Geschichten und Erlebnissen ihrer Teddys unterhalten.

Grizzly gegen Teddybär! Schwer- gegen Leichtgewicht!
Seien Sie gespannt, welche Rasse den ungleichen Kampf gewinnen wird.

Grizzly vs. Teddybär
Christel K. Haas

Books on Demand GmbH, Norderstedt, 2003
188 Seiten mit zahlreichen schwarz-weiß Abbildungen
ISBN 978-3-8330-1015-6